U0667845

最权威、最经典的中华国学文化精粹

教育部全国中小学图书馆推荐图书

开心学国学

艺术卷

——青少年不可不读的国学经典

- 体验国学魅力·洗涤智慧心灵
- 品读国学经典·提升自身修养
- 传承国学精粹·弘扬中华文化
- 感悟国学智慧·完善幸福人生

张　文　乌力吉◎主编

台海出版社

图书在版编目(CIP)数据

开心学国学. 艺术卷 / 张文, 乌力吉主编. --北京:台海出版社,2013.7

ISBN 978-7-5168-0203-8

Ⅰ. ①开… Ⅱ. ①张… ②乌… Ⅲ. ①国学-通俗读物②艺术史-中国-通俗读物 Ⅳ. ①Z126-49②J120.9-49

中国版本图书馆 CIP 数据核字(2013)第 133322号

开心学国学. 艺术卷

主　　编:张　文　乌力吉

责任编辑:王　萍

装帧设计:天下书装　　版式设计:通联图文

责任校对:唐思磊　　责任印制:蔡　旭

出版发行:台海出版社

地　址:北京市朝阳区劲松南路 1 号, 邮政编码: 100021

电　话:010-64041652(发行,邮购)

传　真:010-84045799(总编室)

网　址:www.taimeng.org.cn/thcbs/default.htm

E-mail:thcbs@126.com

经　销:全国各地新华书店

印　刷:北京高岭印刷有限公司

本书如有破损、缺页、装订错误,请与本社联系调换

开　本:660×960　1/16

字　数:150 千字　　印　张:12

版　次:2013 年 8 月第 1 版　　印　次:2013 年 8 月第 1 次印刷

书　号:ISBN　978-7-5168-0203-8

定　价:23.80 元

前言

国学是中国之学、中华之学，它是民族之魂，是文化之根，是一个民族的灵魂和血脉。国学所涉及的范畴包括中国古代和现代的文化和学术，如历史、思想、哲学、地理、政治、经济乃至书画、音乐、术数、医学、星相、建筑等。中华民族之所以历经磨难而绵延至今，一个重要原因就是中国文化的优良传统源远流长，中国文化是世界上唯一没有断裂过的文化。学习国学、传承国学、发展国学是我们每一个中国人的责任和义务。作为中国人，绝不能成为无根的民族，而应当在历史的绵亘中找到自己的位置，在多元文化的激荡中确定自己的地位，在时代的脉动中把握自己的方向，在走向中华民族伟大复兴的进程中迈出自己坚定的步伐。

“为天地立心，为生民立命，为往圣继绝学，为万世开太平。”国学是中华民族核心的价值理念和追求，是数千万年来中国人思维方式、行为方式、生活方式、生产方式的高度总结，是中华儿女的血脉、精神和灵魂。重振国学不仅可以提高国人的道德水准、文化素养、精神生活水平，还能唤起文化自觉，恢复文化自信，实现文化认同，增强民族凝聚力。国学是中国人的文化，是中华民族五千年的文化，是中国人的灵魂，是中华民族五千年孕育的集体习惯。

追根思源，知古鉴今。学习国学需要理清国学的脉络，了解国学的内涵，与时俱进，深入思考。国学不仅仅是简单的之乎者也，更在于用其中的思想来提高道德品质、人文素养，完善道德修养。国学是以儒学价值为核心的中国传统文化。国学贯彻的人伦、和谐、安定等思想，是中国传统文化的精髓。国学是从古至今的文化积淀，是中国民族的文化瑰宝，国学中蕴涵着深刻的思想和智慧，不仅可以使我们开拓视野、提升素质、丰富知识，更有助

于启迪我们的思维，引发我们新的思考、探索和行动。

“国学热”的持续升温，也表现了广大人民群众了解传统文化的巨大热情和迫切要求，反映了传统文化中蕴藏着超越时空的价值和生命力。历史和现实都昭示我们，中华民族的伟大复兴必将伴随着中华文化的伟大复兴；而中华文化的伟大复兴，又会推动中华民族的伟大复兴。

为帮助大家更好地了解和学习国学，我们编撰了本套丛书。丛书包含八本，涵盖了国学的各个方面，浓缩了国学知识的精华。本套丛书内容丰富有趣，语言通俗易懂，分类科学合理，体例新颖别致，可读性极强，是您了解国学、学习国学的必备读物。

本册共分书画、篆刻、音乐表演、雕塑、曲艺等几个部分，既全方位展示了从古至今的各种艺术精华，又多角度地介绍了艺术发展的脉络，囊括了艺术知识的所有重要内容。本书不仅内容全面充实，而且叙述清晰简明、通俗易懂，是了解中国艺术知识的最佳入门书。

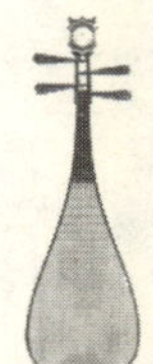

第一章　书画名家及作品

书法

中国传统艺术之一。是以毛笔书写汉字的方法来表达作者精神美的艺术。我国的书法艺术有三千多年的历史，之所以成为一门艺术，主要取决于中国人善于把实用的东西上升为美的艺术，同时与中国独特的文字和毛笔关系密切有关。其文字以象构思、立象尽意的特点酝酿着书法艺术的灵魂，而方块构形、灿然于目的姿质又构成书法艺术的形式基础。书法不仅成为表达最高意境与情操的民族艺术，而且居于所有艺术之首。书法在中国不仅举世同好、千古一风，而且早已走出国门，成为传播友谊的媒介，在东方世界颇有影响，也备受西方世界的瞩目。

钩填

书法术语。复制法书的一种方法。以较透明的纸蒙在法书上，先以细笔双钩，后用墨廓填故称，亦称“双钩廓填”。南宋姜夔的《续书谱》谓“双钩之法，须得墨晕不出字外，或廓填其内，或朱其背，正得肥瘦之本体。”

法帖

书法名词。亦称“帖”，指古代名人的墨迹，摹刻在石版或木版上的法书及其拓本，称为“法帖”，即可供效法者。宋太宗淳化三年(992 年)，命侍书学士王著摹刻祕阁所藏法书，编为十卷，每卷首刻“法帖第×”的字样，总称《淳化秘阁法帖》，其“法帖”之名相传由此始行。《法帖谱系》称“熙陵(宋太宗)留意翰墨，出御府历代所藏真迹，命王著摹刻禁中，厘为十卷，此历代法帖之祖。”

款识

书法名词。古代钟鼎彝器上铸刻的文字。《汉书·郊祀志下》云：“今此鼎细小，又有款识，不宜荐见于宗庙。”颜师古注云：“款，刻也；识，记也。”此

外，还有三说：一、款是阴文凹入者，识是阳文凸出者；二、款在外，识在内；三、花纹为款，篆刻为识。（均见方以智《通雅》卷三十三所引。）后世在书、画上标题姓名，也称“款识”、“题款”或“款题”。画上款识唐人只小字藏树根石罅，书不工者多落纸背。至宋代，始记年月，也仅细楷，书不两行。唯苏轼有大行楷，或跋语三、五行。元人从款识、姓名、年月发展到诗文题跋，有百余字者。至明清题跋之风大盛，至今不衰。可见，款识，有二义，一是指书画作上的署名后款，二是指古代神鼎彝器上铸刻之文字。

结体

书法术语。亦称“结字”、“间架”、“结构”，指每个字点画间的安排与形势的布置。汉字尚形，书法又是“形学”（清康有为），故结体尤显重要。元赵孟頫《兰亭跋》“书法以用笔为上，而结字亦须用工”。汉字各种字体，皆由点画联结、搭配而成。笔画的长、短、粗、细、俯、仰、缩、伸，偏旁的宽、窄、高、低、欹、正，构成了每个字的不同形态，要使字的笔画搭配适宜、得体、匀美，研究其结体必不可少。正如清冯班在《纯吟书要》中所云“先学间架，古人所谓结字也；间架既明，则学用笔。间架可看石碑，用笔非真迹不可。结字，晋人用理，唐人用法，宋人用意”。又云“书法无他秘，只有用笔与结字耳”。可见，结字在书法中占有重要的地位。

笔锋

书法名词。指笔毫的尖铁。姜夔《续书谱・用墨》云：“笔欲锋长劲而圆，长则含墨，可以运动，劲则有力，圆则妍美。”字的锋芒，也叫“笔锋”。能将笔之锋尖保持在字的点画之中者，叫“中锋”；能藏在点画中间的不出角者，叫“藏锋”；将笔之锋尖偏在字的点画一面者，叫“偏锋”。一般以“偏锋”为书法之病。清周星莲《临池管见》云：“能将此笔正用、侧用、顺用、逆用、重用、轻用、虚用、实用，擒得定，纵得出，遒得紧，拓得开，浑身都是解数，全仗笔尖毫末锋芒指使，乃为合拍。”

飞白

书法名词。亦称“草篆”。一种书写方法特殊的字体。笔画是枯丝平行，转折处笔路毕显。相传东汉灵帝时修饰鸿都门，工匠用刷白粉的帚子刷

字，蔡各得到启发而作飞白书。唐代张怀瓘《书断》载：“飞白者，后汉左中郎将蔡邕所作也。王隐、王愔共云‘飞白变楷制也’。本是宫殿题署，势既寻丈，字宜轻微不满，名曰飞白。”北宋黄伯思称“取其若丝发处谓之白，其势飞举谓之飞”。明代赵宧光称“白而不飞者似篆，飞而不白者似隶”。今人将书画的干枯笔触部分泛称为“飞白”。传世的唐宋御制碑多以飞白题额，如《晋祠铭》、《昇仙太子碑》等。清张燕昌、陆纪曾有《飞白录》二卷。

章法

书法术语。指安排布置整幅作品中，字与字、行与行之间呼应、照顾等关系的方法。亦即整幅作品的“布白”，亦称“大章法”。习惯上又称一字之中的点画布置和一字与数字之间布置的关系为“小章法”。明张绅《书法通释》云：“古人写字正如作文有字法。章法、篇法，终篇结构首尾相应。故云‘一点成一字之规；一字乃终篇之主’。”明董其昌《画禅室随笔·评书法》云：“古人论书以章法为一大事，盖所谓行间茂密是也。余见米痴小楷，作《西园雅集图记》，是纨扇，其直如弦，此必非有他道，乃平日留意章法耳。右军《兰亭序》，章法为古今第一，其字皆映带而生，或小或大，随手所如，皆入法则，所以为神品也。”可见，章书在一件书法作品中显得十分重要，书写时必须处理好字中之布白、逐字之布白、行间之布白，使点画与点画之间顾盼呼应，字与字之间随势而安，行与行之间递相映带，如是自能神完气畅、精妙和谐，产生“字里金生，行间玉润”的效果。布白的形式大体有三：一是纵有行横有列。二是纵有行横无列（或横有行纵无列），三是纵无行、横无列。它们或有“镂金错采”的人工美，或具“芙蓉出水”的自然美。

墨法

书法术语。亦称“血法”。一曰用墨之法。前人谓水墨者，字之血也。故临地作书时极为讲究。墨过淡则伤神彩，太浓则滞笔锋，必须做到“浓欲其活，淡欲其华”。宋姜夔《续书谱·用墨》云：“凡作楷，墨欲乾，然不可太燥。行、草则燥润相杂，以润取妍，以燥取险。墨浓则笔滞，燥则笔枯，亦不可知也。”清包世臣《艺舟双辑·述书下》云：“画法、字法，本于笔，成于墨，则墨法尤书艺一大关键已。笔实则墨沉，笔飘则墨浮……”用墨作风，一方面往往因时因人而异。如北宋浓墨实用，南宋浓墨活用；刘墉喜用浓墨，梦楼

专尚淡墨。另一方面，又常因书体风格、纸张性能的不同而有所区别。二曰磨墨之法。宋苏易简《文房四谱·墨谱》云："研墨如病，盖重其调匀而不泥也。"研墨要凉，凉则生光。墨不宜热，热则生沫。盖忌其研急而墨热。又李阳冰曰："用者旋研，无令停久，久时尘埃相污，胶力隳亡。如此泥钝不任下笔矣。"元陈绎曾《翰林要诀·肉法》云："磨墨之法，重按轻推，运行近折。""凡磨墨不得用砚池水，令墨滞笔沍，须以水滴汲新水临时斟酌之。""凡书不得自磨墨，令手颤、筋骨大强，是大忌也。"

笔法

书法术语。写字作画用笔的方法。中国书画主要都以线条表现，所用工具都是尖锋毛笔，要使书画的线条点画富有变化，必先讲究执笔，在运笔时掌握轻重、快慢、偏正、曲直等方法，称为"笔法"。唐张怀瓘《玉堂禁经·用笔祛》云：大凡笔法，点画八体，备于"永"字。故元赵孟頫于《兰亭跋》中云："盖结字因时相传，用笔千古不易。"

文房四宝

书法书写材料。旧时对纸、墨、笔、砚四种文具的统称。文房谓书房。北宋苏易简著《文房四谱》，一名《文房四宝谱》，叙述了这四种文具的品类和故事等。这些文具制作历史悠久、品类繁多，历代都有著名的制品和艺人。如安徽泾县（原属宁国府，产纸以府治宣城为名）的宣纸，歙县（原为徽州府治）的徽墨，浙江吴兴（原为湖州府治）的湖笔，广东高要（原为肇庆府治，古名端州）的端砚，以及与端砚齐名的歙县（原歙州府）的歙砚。

真迹

书法术语。真实可靠的手迹而不是出于他人的假托和伪造。唐代张怀瓘《书断》："开元十六年五月，内出二王真迹，及张芝、张昶等书付集贤院。"

墨迹

古代书法术语。墨迹是研究书法艺术的重要实物。春秋战国之际的盟书是目前发现最为丰富和完整的墨迹，如《沁阳玉简》即是盟书。1966 年在山西侯马，1979 年在河南温县又发现了大量的盟书。盟誓是春秋时盛行的一种政治活动，是诸侯或卿大夫通过盟誓仪式来缔结具有一定制约作用的

联盟。盟书是用朱色或墨色写在玉片和石片上的，玉石片多呈圭形。盟书上的字，笔画起笔见方、中肥末锐、笔锋显露，用笔粗细有致、率意自然。商代甲骨、玉石和陶片上留下的笔写字迹，都表明中国很早就有了毛笔。然而迄今所见到的最早的毛笔实物是在河南信阳、湖南长沙的楚墓中出土的战国中期的。长沙左公山楚墓出土的毛笔是用上好的兔箭毛制成的。墨迹证明了商、周时人们日常书写应该是用毛笔的。

简册

古代书写材料。据文献记载商代就已经有了简册。《尚书·多士篇》说周公曾对殷人讲过“惟殷先人，有册有典”。西周和春秋时期也应有竹木简上记事的方式，因竹木简易于腐朽，商、西周和春秋时期的简册目前尚未发现，而战国时期的竹简发现很多。据记载在汉、晋时期就有简牍的发现。1941 年以后在湖北随县和江陵、湖南长沙、河南信阳等地的楚墓中出土了不少战国中晚期的竹简，内容为遣册、古书和卜筮记录。近年来在四川青川县郝家坪和湖北云梦县睡虎地发现了战国时期的秦木牍和秦简，使得小篆产生前的秦人书写的隶书墨迹展现于世。青川木牍和云梦秦简上的隶书字形正方、长方、扁方不拘，笔画肥、瘦、刚、柔，极尽变化。点面有明显的起伏和波势，用笔有轻、重、疾、徐的区别，是考证隶书发展的极为珍贵的资料。除了这些秦木牍和秦简之外，在战国文字中那些草率急就的字体和秦《高奴禾石权》中也已蕴涵着隶书的因素。可见早在秦始皇推行小篆之前已有初期的隶书在流行。篆书从线条转化为隶书的点画，不仅丰富了书法的用笔，而且这种新的体势和风格对以后汉字和书法的进一步发展产生了极为深远的影响。

帛书

古代书写材料。帛是白色的丝织品，汉代总称丝织品为帛或缯，或合称缯帛，所以帛书也名缯书。20 世纪 30 年代在湖南长沙子弹库的一座楚墓中曾有人盗掘出一件帛书，年代约为战国中晚期，是中国目前最早的帛书。帛书上绘有神怪图和写有 900 多字，是一种数术性质的书。春秋时期帛书就已经出现，《国语·越语》有“越王以册书帛”的话，可见帛书和简册在当时是并行使用的。

战国的竹简和帛书都是手写。这些字的笔画具有弹性，起止处较尖锐，中间或偏前的部分略粗，充分表现了毛笔书写的特色。这与金文随形轻重和因接搭凝结的笔画形态不同，已由迟重变为流美，笔画和体式也较金文更为简略。竹简、帛书是研究战国楚文字和书法的重要资料。

甲骨文

古代书法文体之一。商、西周的甲骨文刻在龟甲、兽骨上，其文字是记录当时占卜的内容，故又称卜辞，是十分成熟的文字。商代甲骨文是清光绪二十五年由王懿荣发现的。至今出土已有 15 万片以上，其文字属于商代后期。1977 年，在陕西岐山县周原地区又出土西周早期甲骨 17000 多片，除少数有文字外，大都无文字。商、西周甲骨文是用尖利的工具契刻的，也有用类似毛笔所写的墨书和朱书文字。龟甲兽骨都很坚硬，上面契刻的文字，笔画瘦硬方直，线条无论粗细，都显得遒劲和富有立体感。有粗不为重、细不为轻的感觉。也有的甲骨文笔画比较粗壮，出现弧形的线条。甲骨文契刻时的轻重疾徐，在线条上都能细微地反映出来，表现出契刻者运刀如笔的熟练技巧。不同时期的商、周甲骨文，在书法风格上有明显的差异，或雄伟俊迈，或纤细谨密，或草率粗放。这些风格上的差异，也是甲骨文断代的重要依据之一。那些书写契刻甲骨文的巫史（卜辞中的所谓贞人），无疑是当时的书法家，像著名的《大骨四版》、《祭祀狩猎涂朱牛骨刻辞》、《四方风名刻辞》、《宰丰骨匕刻辞》、《鹿头骨纪事刻辞》等甲骨，都是含有艺术素质的精美的书法作品。

金文

古代书法文体之一。商、西周的金文（旧称钟鼎文）也是十分重要的文字资料，在书法上有着与甲骨文不同的艺术特色。根据《左传》、《墨子》等书记载，中国在夏代已经开始了青铜的冶炼和铸造，在商、周两代发展和形成了光辉灿烂的青铜文化。在青铜器上铸铭文始于商，盛行于西周。这些青铜器上的铭文，现在称之为金文。金文一般是铸，少数是刻。金文的铸作是先把文字书写在软坯上制成范模，然后用烧熔的铜液浇铸。在金文刻范和铸的过程中，对原来书写的笔画虽有所损益，但仍能更多地保留和显示书写时的笔意，字画丰腴，体势凝重，有极高的艺术性。

大篆

古代书法文体之一，也称籀文。因其着录于字书《史籀篇》而得名。《汉书·艺文志》："《史籀》十五篇，周宣王太史籀作大篆。"《说文》中保留了籀文225个，是许慎依据所见到的《史籀》九篇集入的，是我们今天研究大篆的主要资料。笔画更加工整匀称而已。笔势圆整。线条比金文均匀，线条化达到完成的程度，无明显的粗细不均的现象。形体结构比金文工整，开始摆脱象形的拘束，打下了方块汉字的基础。

小篆

古代书法文体之一，也叫"秦篆"。秦朝李斯受命统一文字，这种文字就是小篆。通行于秦代。形体偏长，匀圆齐整，由大篆衍变而成。东汉许慎的《说文解字·叙》称："秦始皇帝初兼天下……罢其不与秦文合者。（李）斯作《仓颉篇》，中车府令赵高作《爰历篇》，太史令胡毋敬作《博学篇》，皆取史籀大篆，或颇省改，所谓小篆者也。"今存《琅琊台刻石》、《泰山刻石》残石，即小篆代表作。

隶书

隶书是汉字书体之一。相传为秦末程邈所整理。省改小篆，去繁就简，字形变圆为方，笔画改曲为直，改"连笔"为"断笔"，从线条化走向笔画化，更便于书写。这种书体流行于古代"徒隶"，即下层办公文的小官之中，故称为"隶书"。从篆到隶是汉字演变史上的一个转折点，奠定了楷书的基础。隶书结体肩平，工整精巧。撇、捺等点画向上挑起，轻重顿挫富有变化，书法造型艺术较为美观。

楷书

汉字书体之一。楷书形成于汉末，成熟于魏晋时代，全盛于隋唐，也称做"真书"、"正书"。它吸收隶书结构匀称明晰的优点，把隶书形体的扁平改方正，把隶书笔画的"波折"改为平直。书写时较之隶书更为方便，今天仍沿用。我们现在看到的魏晋时的楷书，离篆隶不远，形体古朴自然，但无严谨的法度约束。隋代以后，楷书注意法度。结构整齐、方正，书法家层出不穷，以颜真卿、柳公权等人成就最高。宋元明清的书法家都以唐以前的楷书为

规范，近代以至当代学者更是如此。

草书

汉字的书体之一。形成于汉代，是为书写简便在隶书的基础上演变出来的。特点是结构简省、笔画连绵。有章草、今草、狂草之分。章草笔画省变有章法可循，代表作如三国吴皇象《急就章》的松江本。今草不拘章法，笔势流畅，代表作如晋代王羲之的《初月》、《得示》等帖。狂草出现于唐代，以张旭、怀素为代表，笔势狂放不羁，成为完全脱离实用的艺术创作，狂草如唐代张旭的《肚痛》等帖和怀素的《自叙帖》，都是现存的珍品。

行书

汉字书体之一。是介于楷书、草书之间的一种字体，可以说是楷书的草化或草书的楷化。它是为了弥补楷书的书写速度太慢和草书的难于辨认而产生的。笔势不像草书那样潦草，也不要求像楷书那样端正。楷法多于草法的叫“行楷”。草法多于楷法的叫“行草”。行书大约是在东汉末年产生的。

魏碑

北朝碑刻的统称，其特点是笔力、字体强劲，是后世书法的一种楷模。魏碑书法艺术，主要分两大类：一类是佛教的造像题记，另一类是民间的墓志铭。仅龙门石窟的造像题记就有三千余品，而著名的是《龙门二十品》。墓志铭在南北朝时十分盛行，其中北魏的墓志铭比前代都多，书法中带有汉隶笔法，结体方严、笔画沉着，变化多端、美不胜收。康有为称魏碑有十美，概括了魏碑书法雄强、朴拙、自然天成的艺术特点。

篆书

汉字的字体之一，“大篆”、“小篆”的统称。大篆，一般人都认为是周宣王时太史籀所造，所以大篆又称为“籀文”。广义的大篆指甲骨文、金文、籀文，它们保存着古代象形文字的明显特点。小篆也称“秦篆”，是秦通用文字，在籀文的基础上发展形成，字体较籀文更为简化、规范。秦始皇统一六国后，推行统一文字的政策，采取李斯的意见，立小篆为正字。小篆的特点体匀圆齐整，书写较籀文容易。秦时小篆的风格可以从现存的《泰山刻石》、

《琅邪台刻石》中看到。

章草

早期的草书，是由隶书的草写发展而成的一种字体，是规范化了的草隶。起于西汉，盛于东汉。字体具隶书形式，字与字相区别，不相纠连。它与“今草”的区别，主要是还保留着隶书笔画的形迹，上下字之间独立而不连写。“章草”一名本义，有不同的说解，或因字体结构彰明严格之意，或因适用于书写奏章，或因为汉章帝爱好，或因为史游用以写其所著《急就章》而得名。书写此体的大家有杜度、皇象、索靖、王羲之、王献之等。

瘦金书

又叫“瘦金体”或“瘦筋体”，亦有“鹤体”的雅称，楷书的一种，由宋徽宗赵佶（1082—1135 年）所创。宋徽宗赵佶正楷学唐薛曜、薛稷，略变其体，杂糅各家，出以新意，创成一体，自号“瘦金书”。其运笔挺劲犀利，笔道瘦细峭硬，而笔势则取黄庭坚大字楷书，舒展洒脱。瘦金书瘦而不失其肉，转折处可见藏锋、露锋等运转提顿的痕迹，风格独特，今日的仿宋体就是从此中演变而成的。此书体以形象论，本应为“瘦筋体”，以“金”易“筋”，是当时对皇帝御书的尊重。作品有《楷书千字文》、《裱芳诗》等传世。

台阁体

明清官场使用的书体，以结体方正、大小统一为原则，媚态十足却缺乏骨气与神韵。台阁原指尚书，后来泛称官场为台阁，台阁体即官场使用的一种书体，带有官方的味道。台阁体始于明初，明成祖喜爱沈度书法，誉之为“我朝王羲之”。沈氏兄弟因备受帝王宠爱，坐享高官厚禄，声名大噪，于是读书人也纷纷效仿。沈度的小楷工整、严谨，使效仿者更容易模仿，也更趋规范，于是逐渐形成了方正、大小一律、刻板呆滞的字体。清代称这种方正光洁却拘谨刻板的字体为馆阁体，尤其流行于科举考场。清代周星莲就认为此字体是“土龙木偶，毫无意趣”。据说清末著名文学家龚自珍书法不佳，尤其不会写这种呆板的馆阁体，所以在科举和仕途上很不得意，回乡之后命奴仆婢女都学写馆阁体，每有官员来访都会让这些下人露一手，以此为乐。

榜书

榜书也叫膀书，古名“署书”。原指宫阙门额上的大字。后来把招牌一类大字称为榜书，特别大的榜书字又称为“擘窠书”。据记载第一位的书家是秦丞相李斯，而汉丞相萧何则是第一位运用榜书艺术装饰帝王宫的书家。随着社会的发展，榜书从赞颂帝王功德、装饰皇家宫殿苑囿，发展到重臣宅第、寺宇庙堂、要塞城楼、园林景观、名山大川，最后进入寻常百姓家则用以书写招牌。榜书的主要特点：一是形体大，使人远观可见；二是多用规矩的隶书、楷书、行书题写，而很少用篆书或草书。

永字八法

相传为隋代智永所传，一说为东晋王羲之或唐代张旭，“永”字的八个笔画是书法中的基本笔画，分别是侧、勒、努、超、策、掠、啄、磔。其法称点为“侧”，须侧锋峻落，势足收锋；横画为“勒”，须逆锋落纸，缓去急回；直笔为“努”，须直中见曲，直而不僵；钩为“擢”，须驻锋突提，力透笔尖；提为“策”，须发笔用力，得力画末；长撇为“掠”，须出锋稍肥，送力稳到；短撇为“啄”，须落笔左出，快而峻利；捺笔为“磔”，须逆锋轻落，折锋铺毫缓行，至末收锋。因永字八法为楷书的基本法则，后人又有将其作为书法的代称。

钟繇

（公元151—230年）字元常，三国魏颍川（今河南许昌）人。因为做过太傅，世称“钟太傅”。他的书法以曹喜、蔡邕、刘德升为师，博采众长，兼善各体，尤精小楷。结构朴实严谨，笔势自然，开创了由隶书到楷书的新貌。和晋代王羲之并称“钟王”。他的书法历代为人所重视。钟的真迹早已失传，宋代以来法帖中所刻的小楷《宣示表》、《荐季直表》等都是晋唐人的临摹本。

王羲之

（公元303—361年）字逸少，号澹斋，原籍琅琊临沂，后迁居山阴，官至右军将军、会稽内史，是东晋伟大的书法家。代表作品有：楷书《乐毅论》、《黄庭经》、草书《十七帖》、行书《姨母帖》、《快雪时晴帖》、《丧乱帖》、行楷《兰亭序》等。精研体势，心摹手追，广采众长，冶于一炉，创造出“天质自然，丰神盖代”的行书，被后人誉为“书圣”。王羲之书写的《兰亭序》为书家所敬

仰，被称做“天下第一行书”。王羲之在真书（楷书）、草、行诸体书法上的造诣都很深。

陆机

（公元261—303年）字士衡，苏州人，西晋书法家，三国东吴名将陆逊之孙。陆擅长草书，有《平复帖》传世。《平复帖》是中国古代书法名家流传至今的最早墨迹。该帖斑驳古拙，取章草之精蕴；信笔纵横，成今草之自由。陆机纯用秃毫枯锋，信笔纷披而行。其结体内敛蓄势与圆转纵横交相辉映。其章法笔断意连，散若群星，又顾盼流连。通篇看来，既有清疏萧散的典雅韵味，又有率意挥洒的自由气象。历代论者均把陆机的《平复帖》奉为章草向今草过渡的典范。

王献之

（公元344—386年）字子敬，王羲之的第七个儿子，东晋书法家。官至中书令，世称“王大令”。他的书法兼精楷、行、草、隶各体。幼时从他父亲学书，后来取法张芝，别创新法，自成一家，与父齐名，人称“二王”。南朝宋、齐、梁、陈之间，人多崇尚他的字。他的楷书以《洛神赋十三行》为代表，用笔外拓，结体匀称严整，如大家闺秀，姿态妩媚雍容。其行书以《鸭头丸帖》最著名。草书名作《中秋帖》，列为清内府“三希帖”之二，笔画连续不断，世称“一笔书”。

陶弘景

（公元458—536年）字通明，丹阳秣陵人。南朝齐梁间道教思想家、书法家、书法理论家。工草隶，尤擅长行书，师法钟繇、王羲之。其字体势开张，中心紧密，笔画舒展，疏密有致，自成一家。他的传世书迹有《屈画帖》、《瘗鹤铭》。《瘗鹤铭》为著名的摩崖刻石，字体厚重高古，用笔奇峭飞逸，虽是楷书而略带隶书和行书意趣。历来书家对此碑评价甚高。陶还著有《与梁武帝论书法》，文字优美，议论深刻，为世人所重。

欧阳询

（公元557—641年）字信本，隋唐书法家。善书法，先学羲之，行草入献之门径。其楷书中正出险，中宫而四张，姿态优雅，便于初学，世称欧体。书

论作有《三十六法八诀》、《传授诀》、《用笔论》等。传世碑帖有《九万宫醴泉铭》、《化度寺碑》、《皇甫诞碑》、《虞恭公碑》、《卜商帖》、《张翰帖》等。

怀素

(公元725年—785年)字藏真，僧人，俗姓钱，长沙人，幼时出家。好饮酒，每当饮酒兴起，不分墙壁、衣物、器皿，任意挥写，时人谓之“醉僧”，是继张旭之后的又一大草书家，有“颠张醉素”之称。他的草书出于张芝、张旭。唐吕总《读书评》中说：“怀素草书，援毫掣电，随手万变。”宋朱长文《续书断》列怀素书为妙品。评论说：“如壮士拔剑，神采动人。”前人评其狂草继承张旭又有新的发展，谓“以狂继颠”，并称“颠张醉素”，对后世影响也很大。他的存世草书墨迹很多，著名的有《东陵圣母帖》、《论书帖》，是含有章草笔意的优秀作品；《苦笋帖》、《千字文》和《自叙帖》，均为狂草，笔势狂怪怒张，神采飞舞，可以说是有力的佳作。

褚遂良

(公元596—659年)字登善，浙江钱塘(今杭州市)人，唐代书法家。其书体学的是王羲之、虞世南、欧阳询诸家。其特色是善把虞、欧笔法融为一体，方圆兼备，波势自如，比前辈更显舒展，深得唐太宗李世民的赏识。李世民曾以内府所藏王羲之墨迹示褚，让他鉴别真伪，他无一误断，足见他对王的书法研习之精熟。

颜真卿

(公元709—785年)唐代中期杰出的书法家。字清臣，京兆万年(今陕西西安)人。具有盛唐风貌的刚健雄厚、雍容壮伟、大气磅礴的新书风。书法初学褚遂良，兼得“二王”和初唐四大家的书艺特点，后又学张旭笔法，广泛吸收民间书家的风格，集众之长、熔于一炉，逐渐形成了筋骨层的“颜体”新风貌。笔法上大大加强腕力的作用，笔画上清劲丰肥，竖笔多相向，结构庄重正大，笔致圆转深厚，布局充实茂密。整体上充满质朴豪迈的气概和刚健丰伟的气度，给人以厚重的浮雕感。他的正楷端庄雄伟、气势开张，行书圆劲激越、诡异飞动。这博大精深的书法成就与他正直的人品也不无关联。传世书迹、碑刻有《多宝塔碑》、《麻姑仙坛记》、《颜勤礼碑》、《中兴碑》、《李元

靖碑》等，行书有《争座位帖》，书迹有《自书告身》及《祭侄稿》。后人辑有《颜鲁公文集》。

张旭

（公元 658—742 年）字伯高，苏州人，唐代书法家。他不仅楷书精妙，草书尤为见长。其书得东晋“二王”的精髓，又自创新意。纵情于酒，寓情于书，大醉辄呼叫狂走，下笔如有神助。其书奔放不羁，纵笔如兔起鹘落；气势如虹，有急雨旋风之势，被称为“狂草”，是当时今草新的表现形式。黄庭坚称其为“草书之冠冕”。张旭的传世书迹有草书《肚痛帖》、《心经》、《醉墨帖》、《千字文》、《自言帖》、《古诗四帖》等。

柳公权

（公元 778—865 年）唐代晚期著名书法家。字诚悬，京兆华原（今陕西铜川市耀州区）人。元和年中举为进士。官至太子少师，后封河东郡公。柳公权是继颜真卿之后，对我国书法艺术的发展作出卓越贡献的一位书家。初学王羲之书，后博览虞世南、欧阳询书家笔法，最终得力于颜真卿。在结字上，吸取了“颜体”的纵势，用笔上集欧体之方与颜体之圆，形成了不同于诸书家流派的新型书体——“柳体”。“柳体”字结体谨严端庄，笔力遒劲峻拔、独具风神，对当时及后世影响极大。其书名与颜真卿并重，合称“颜柳”。“柳体”与“颜体”同以筋骨具备著称，世有“颜筋柳骨”之说，然字形风貌却有明显的差异。“颜体”肥硕丰润，圆紧浑厚，刚健雄强，竖笔相向，布局满密笃实，显出雍容大度的气派；“柳体”则瘦挺劲媚，骨力遒健，结构劲紧，棱角外捉，竖笔不相向，布局疏密得当，表现出清利高雅的气质。柳公权的《玄秘塔碑》，千百年来一直为人们学习楷书最喜爱的范本。《金刚盘若经》、《神策军碑》亦为最著名的书碑。书迹《送梨帖题跋》，笔致清晰自然，神采生动天真，耐人寻味。

米芾

（公元 1051—1107 年）字符章，号襄阳居士、鹿门居士，海岳外史。官至礼部员外郎，礼部在唐、宋又称为“海宫舍人”，故世称“米南宫”。米芾的书法以广泛吸收前人的长处为基础，他临摹的对象由唐代颜、柳、欧、褚上溯魏

晋，更远追先秦咀楚文、石鼓文与鼎铭，其泛览博观、多方取资是前人所罕见的。米芾精通前人的笔法，因此当时有人嘲笑他是“集古字”。但他在精熟古人的笔法后，能扩充运用，成为自己的面目。他曾说：“既老而始成家，人见之，不知以何为祖也。”可见其深知古人法度的重要。所以在学古方面，米芾的功力无疑是最深厚的，由唐人而上溯魏晋，更上溯战国，形成他独特的精彩生动、跳跃逸宕的笔法，将其为人的性情与写字时的感受发挥无遗，而每一字的结体都是古人的，每一笔的笔法都是有来历的，这也是由复古而变古的一个例证。

苏轼

（公元 1036—1101 年）字子瞻，自号东坡居士，眉州眉山（今属四川省）人，宋代书法家，官至端明殿翰林侍读学士、礼部尚书，谥文忠，诗、文、书、话俱为大家，与黄庭坚、米芾、蔡襄（一作蔡京）并称为书法史上的“宋四家”，幼学王羲之，后习颜真卿、杨凝式，笔圆韵胜，天资焕发，亦擅画竹石古木，自写胸臆，妙于形似，天趣盎然，著有《东坡全集》、《东坡题跋》。

黄庭坚

（公元 1045—1105 年）字鲁直，号山谷道人，宋代书法家。江西修水人，出生于诗书之家，纵览六艺，博学多闻，治平年间中进士。“苏门四学士”之一。政治上与苏共进共退，屡遭贬谪。以文学著称，追求奇拗诗风，开创江西诗派，影响很大。尤以书法为世所重。为宋四家之一，是宋书尚意的重要人物。苏书尚天趣，黄书尚韵味；黄书结体而取纵势，与苏轼一起将宋代书法的人文气推向高峰。黄庭坚书法的最大特点是重“韵”，持重风度，写来疏朗有致，如郎月清风，书韵自高。

蔡襄

（公元 1012—1067 年）字君谟，兴化仙游人，官至端明殿学士。《宋史·列传》称他：“襄工于手书，为当世第一，仁宗由爱之。”宋四家中，他的年龄辈分，应在苏、黄、米之前。宋四家中，苏、黄、米都以行草、行楷见长，而喜欢写规规矩矩的楷书的还是蔡襄。他的书法学习王羲之、颜真卿、柳公权，浑厚端庄，雄伟遒丽。苏东坡说：“君谟天资既高，积学至深，心手相应，变化无

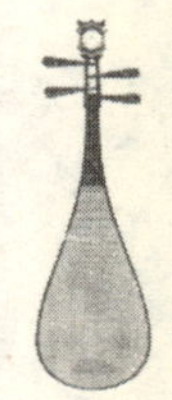

穷，遂为本朝第一。”蔡襄为人忠厚正直、知识渊博，他的字“端劲高古，容德兼备”。《颜真卿自书告身跋》得鲁公笔法而修于鲁公书，可为楷则。沈括说他善于“以散笔作草书，谓之散草，或曰飞草，其法皆生于飞白，自成一家。”

赵孟頫

（公元1254—1322年）字子昂，号松雪，浙江湖州人，是元代最显赫的画家之一，也是最卓著的书法家之一，在中国书画史上具有广泛影响。他的绘画标榜复古，提倡笔墨法趣，刻意摹唐人笔意，而轻视南宋院画末流；他的书法最佳为楷书、行书，集晋唐书法之大成，兴复王羲之、王献之书风，有“赵”体之称。《元史》上说他“篆籀分隶真行草，书无不冠绝古今，遂以书名天下”，足见其在书史上的地位。由于其妻管道昇、其子赵雍均在书画上名冠一时，元仁宗曾把他们三人的书法合装成帙，秘藏于宫中。“石如飞白木如籀，写竹还于八法通。若也有人能会此，方知书画本来同。”赵孟頫的这首题画诗已成为我国书画界的座右铭。

董其昌

（公元1555—1636年）字玄宰，号思白、香光居士等，华亭（上海松江县）人，官至南京礼部尚书，谥文敏，为明代后期显赫的大书法家。“尺素短札，人争购宝之。”清初康熙皇帝更是偏爱董书，以致清“士子执管者，莫不习董”，形成举世“专仿香光”的局面。董其昌的书法笼罩中国书坛近一个世纪，在中国书法史上产生了巨大的影响。董其昌的行草，古淡潇洒，追求逸趣。章法布局仿五代杨凝式，行距较宽。楷书则以拙取胜。董其昌书法崇尚平淡天真，自谓“吾书往往率意”，认为他的书法高于赵孟頫，“赵书因熟得俗态，吾书因生得秀色”，但后世常将赵董并称，因两位大家书风俱典雅秀美。

朱耷

（公元1622—1705年）字雪个，号“八大山人”。明朝朱元璋之子朱权的后裔。明亡后，遭国毁家亡之难，削发为僧。朱耷是清代著名的书画家。他的简笔写意花鸟画，以独特的面貌开一代新风。他的书法亦与他的绘画风格相似，极为简练，到晚年喜用秃笔，一变锐利的笔势而成浑圆朴茂的风格。

郑燮

（公元 1693—1765 年）清画家，字克柔，号板桥。江苏兴化人，幼家贫，好读书，强记博闻，应科举为秀才、举人、进士。曾任山东范县知县，后因助乡民胜讼及赈济饥民，得罪豪绅，遭弹劾而罢官。久居扬州，书画文辞名重一时，为“扬州八怪”之一，善画兰竹，尤以墨竹为胜；工书法，融隶书于行楷中，自称“六分半书”；能诗文，著有《郑板桥全集》。

翁同龢

（公元 1830—1904 年）字声甫，号叔平、瓶生、韵斋，常熟人，咸丰六年（1856 年）状元，清代书法家。他工诗能文，精研书画，收藏亦富，其书法在清代书坛上占有重要地位，备受后人推崇。早年主要学习欧阳询、褚遂良，又学赵孟頫、董其昌，以后又致力学真卿，得其风骨，使翁同龢的书法融南北诸家之长，开创了苍老遒劲、刚健浑穆、含蓄朴茂的翁体。翁同龢对书学理论与技法也有深刻的研究。

李苦禅

是现代画坛大写意巨匠。他生于 1898 年，卒于 1983 年。山东高唐县人。李苦禅原名英，号励公。出身贫寒，曾拉过人力车，借住庙宇过活。1920 年他拜齐白石为师，不久，齐白石看出 22 岁的他乃天纵英才，视他为知己，赞赏他道：“英也奇吾心，苦也过吾，英也无敌，将来英若不享大名，世间是无鬼神也！”他的同学林一尽眼见他的困苦，赠他“苦禅”二字。“苦”取自佛门四谛之第一字，“禅”乃他擅常之大写意画，他欣然接受，以苦禅为号，更孜孜习画。李苦禅求学艺专，未及毕业，即崭露才华，29 岁便成为杭州艺专教授。解放后一直任中央美术学院教授。生前任中国美术家协会理事，中国画研究院院务委员，政协第五、六届委员会委员。

关山月

原名关泽霈，公元 1912 年农历 9 月 16 日出生于广东省阳江县那蓬乡果园村，早年就读于广州市立师范学校本科，刻苦自学绘画。后得到岭南画派主要创始人高剑父先生的赏识，招其免费进入春睡画院，成为高氏入室弟子，并为其改名为关山月。从此，在高氏艺术思想和艺术实践的影响下，关

山月踏上了对新国画艺术执著追求的漫长而艰苦的旅程。

弘一法师

（公元 1880—1942 年）俗名李叔同，浙江平息人，生于天津。既是才气横溢的艺术教育家，也是一代高僧，“二十文章惊海内”的大师，集诗、词、书画、篆刻、音乐、戏剧、文学于一身，在多个领域，开中华灿烂文化艺术之先河。他把中国古代的书法艺术推向了极致，“朴拙圆满，浑若天成”，鲁迅、郭沫若等现代文化名人都以得到大师一幅字为无上荣耀。

《泰山石刻》

著名书法碑帖之一。是秦始皇二十八年登泰山颂秦德的刻石。相传为李斯所书。小篆之精，古今妙绝的就是秦《泰山刻石》。而作为石刻文字，有正史记载的首推秦《泰山刻石》，由于其显要的政治地位、文字地位、书法艺术地位，历代史学家、文学家、书法家推崇备至，奉为圭臬，号称“天下第一刻”。秦灭六国，统一文字，创制小篆，始皇五次东巡，七处留刻。原石现已大多不存在了。目前尚存唯有两块，即《琅琊刻石》，但字迹已残泐模糊。能够供人们研究和临摹的秦小篆，也只有明拓的“安国本”《泰山刻石》了。

《乐毅论》

著名书法碑帖之一。在王羲之所有的正书中，唐代智永认为《乐毅论》最佳，后人多半认同。梁朝时就已有临摹本，是今日所见最早的摹本；唐朝年间又有不错的重摹本；《快雪堂帖》所刻的则流于妍媚无力了。宋代高绅曾获古刻石，一般以为是此帖的祖石，刻法精绝，碑文自“海”字之后残缺不全，世称“止海本”，石亡之后翻刻就没有令人惊叹的作品了。现今流传下来的可分为两类，一种是笔画瘦而行狭者，如《快雪堂帖》；另一种是笔画肥而行润者，例如宋拓的清仪阁本，浑古遒劲，堪称杰作。右军的正书，遒古平寓秀丽，足为后世典范。其他如《黄庭经》、《东方画赞》、《曹蛾碑》等也都是小楷之杰作。

《兰亭序》

著名书法碑帖之一。王羲之的行书有如行云流水，其中又以《兰亭序》为极品；晋穆帝永和九年三月三日，右军宦游山阴，与孙统承、谢安等四十一

人在会稽山阴的兰亭聚会，修祓禊之礼。饮酒赋诗，由他以特选的鼠须笔和蚕茧纸，乘兴而书写了一篇序，记序盛会，共三百二十四字，其中二十个“之”字各有不同的体态及美感。此帖下笔有如神助，有“遒媚劲健，绝代所无”之誉。

《曹娥碑》

著名书法碑帖之一。现通行的小楷本，相传为王羲之书。东晋书圣王羲之的《孝女曹娥碑》，堪称传世精品。古人称：“邯郸文与右军书，珠联璧石，乃中华瑰宝。”书圣王羲之的碑刻早已佚失，现存曹娥庙内的是蔡卞摹刻，尚见笔惊龙蛇，刚劲浑厚，也弥足珍贵！

《龙门二十品》

著名书法碑帖之一。北魏龙门造像记 20 种的统称。《龙门二十品》是龙门石窟中的二十尊造像的题记拓本，北魏书风的代表作。《始平公造像记》本是附属于佛龛的题记，全称为《比丘慧成为亡父始平公造像题记》，北魏孝文帝太和二十二年(公元 498 年)，刻于河南洛阳龙门古阳洞北壁。题记由孟达撰文，朱义章楷书。此碑与其他诸碑不同之处是全碑用阳刻法，逐字界格，为历代石刻所仅见，在造像记中独树一帜。记文内容寄造像者宗教情怀，兼为往生者求福除灾。清乾隆年间始被黄易(公元 1744—1801 年)发现，受到书坛重视，列入“龙门二十品”，此碑文方笔斩截，笔画折处重顿方勒，结体扁方紧密，点画厚重饱满、锋芒毕露，显得雄峻非凡，被推为魏碑方笔刚健风格的代表。

《孔子庙堂碑》

著名书法碑帖之一。唐碑，正书，为虞世南撰文并书写。原碑立于唐贞观初年。楷书 35 行，每行 64 字。碑额篆书阴文“孔子庙堂之碑”六字。碑文记载唐高祖五年，封孔子二十三世后裔孔德伦为褒圣侯，及修缮孔庙之事。为虞世南 69 岁时所书。此碑书法用笔俊朗圆润，字形稍呈狭长而尤显秀丽。横平竖直，笔势舒展，一片平和润雅之象。宋黄庭坚有诗赞曰：“虞书庙堂贞观刻，千两黄金那购得。”

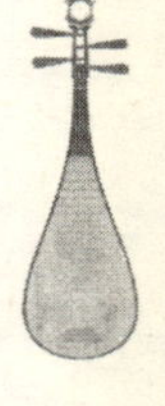

《九成宫醴泉铭》

著名书法碑帖之一。《九成宫醴泉铭》碑由魏征撰文，欧阳询书。记载唐太宗在九成宫避暑时发现泉水之事。此碑立于唐贞观六年（公元632年）。楷书24行，行49字。此碑用笔方整，且能于方整中见险绝，字画的安排紧凑、匀称，间架开阔稳健。明陈继儒曾评论说："此帖如深山至人，瘦硬清寒，而神气充腴，能令王者屈膝，非他刻可方驾也。"明赵涵《石墨镌华》称此碑为"正书第一"。

《麻姑仙坛记》

著名书法碑帖之一。全称为《有唐抚州南城县麻姑山仙坛记》，为唐代楷书名家颜真卿撰文并书，为颜书代表作之一，与之齐名的还有《多宝塔碑》。唐大历六年（公元771年）四月立。碑旧在江西临川，明季毁于火。楷书，据传世剪裱本计共901字。此碑楷书庄严雄秀，历来为人所重，是颜体代表作之一，为颜真卿六十多岁时的作品。此时颜真卿的楷书风格已基本完善，不但结体紧结，开张一任自然，而且在笔画上也从光亮规整向"屋漏痕"的意趣迈进了。欧阳修《集古录》中说："此碑遒峻紧结，尤为精悍，笔画巨细皆有法。"

《玄秘塔碑》

著名书法碑帖之一。为著名柳书之一。全称为《唐故左街僧录内供奉三教谈论引驾大德安国寺上座赐紫大达法师玄秘塔碑铭并序》，唐裴休撰文，柳公权书并篆额。《玄秘塔碑》立于唐会昌元年（公元841年）十二月，碑在陕西西安碑林。楷书28行，行54字。《玄秘塔碑》结字的特点主要是内敛外拓，这种结字容易紧密、挺劲；运笔健劲舒展、干净利落、四面周到，有自己独特的面目。

《三希堂法帖》

书法名作汇帖之一，产生于清代。清代乾隆皇帝十分喜爱书法，他征得晋代王羲之的《快雪时晴帖》、王献之的《中秋帖》和王珣的《伯远帖》三部希世书法珍品，遂收藏于养心殿一室内，并将该室取名为"三希堂"。乾隆十二年（公元1747年），又命大臣选宫内所藏历代书法墨迹之精华与这三件珍品

汇总，选编、摹刻成一部丛帖，命名为《三希堂石渠宝笈法帖》，简称《三希堂法帖》。该帖收录了历代 135 家 340 件楷、行、草书作品，另有题跋 210 件，总计 9 万多字。所收法帖极多，刻工精良，堪称历代法帖之冠。

《石鼓文》

著名书法碑帖之一。为战国时代秦国刻石。石鼓共有十枚，形似鼓状，每件石鼓上以籀文刻四言诗一首，共十首，其内容为记述秦王游猎之事，故石鼓又称为猎碣。字迹磨损很多，今藏在北京故宫博物馆。《石鼓文》在书法史上有承前启后的重要地位。它的字体是典型的秦国书风，并对后来秦朝小篆的出现产生了很大影响。同时其本身的艺术成就也很高，它的结体方正匀整、舒展大方，线条饱满圆润、笔意浓厚，在《石鼓文》字里行间已经找不出象形图画的痕迹，完全是由线条组成的符号结构。

《书谱》

墨迹本，孙过庭撰文、书写。孙过庭（公元 646—691 年），唐代书法家、书法理论家，善草书。《书谱》书于垂拱三年（公元 687 年），草书、纸本，三千五百余字，衍文七十余字。孙氏在数十年的书法实践中，认为汉唐以来评论书法作品的人多涉浮华，只关注其外在形状，而没有究竟到内在精义，因此撰《书谱》一卷，对书法的运笔评加阐述，所以唐宋时期又称它为《运笔论》。

《书谱》是中国书学史上一篇划时代的书法论著，也是历代传颂的书法名作精品。孙过庭在书中提出的“古不乖时，今不同弊”的书法观，强调了学习传统而不违时代的审美要求，追求时代感而又不与时弊流俗相混同，为书法美学理论奠定了基础。他反对写字如同绘画“巧涉丹青，功亏翰墨”，反对把书法当做秘诀、择人而授的保守态度，认为楷书和草书要融合交汇。《书谱》在书法艺术上的成就与在书法理论上的成就是相统一的，对中国书法的影响也是巨大的。

《法书要录》

书法学论著总集，张彦远编撰。张彦远，字爱宾，河东（今山西永济）人。出生于缙绅大族，高祖、曽祖和祖父皆曾为相，有“三相张家”之称。张彦远官至大理卿。他博学有文辞，尤工书法，擅长隶书，曾书有《三祖大师碑阴

记》、《山行诗》等作品。

《法书要录》共十卷，收录东汉至唐代诸家书法理论文章和著名法书目录，后附二王帖释文四百八十二条。其选材审慎，内容丰富，是一部汇辑并选录唐以前中国书法资料的总集。有些篇章都是颇为重要的经典，末卷《右军书记》所记内容可以作为研究王羲之字的流传及文章事迹的资料，赵壹的《非草书》、羊欣的《采古来能书人名》、王僧虔的《论书》、张怀瓘的《书断》等都是古代书论名篇。流传甚广的卫铄的《笔阵图》和王羲之的《题笔阵图后》也被收入其中。《四库全书简明目录》谓之"采摭繁复，后之论书者，大抵以此为据"，是书法艺术和中国书学史研究的重要资料。

《艺舟双楫》

清代书法理论著作，包世臣著。包世臣（公元 1775—1855 年），清代学者、书学理论家。此书内容包括论文、论书两楫，故名"双楫"。论书包括"述书"三篇、《历下笔谭》、《后附四则》、《国朝书品》、《答熙载九问》、《答三子问》、《自跋草书答十二问》、《与吴熙载书》、《记两笔工语》、《记两棒师语》等十二节，大力提倡北碑，扬碑抑帖，对当时的书坛影响很大。清道光、咸丰后北碑盛行，此书实开风气。作者论书一反清代书坛对赵孟頫、董其昌的倔爱，对改变清代书法风气具有重要影响。其书法理论的立足与方法都与前人有所不同。

《书法雅言》

明项穆著。项穆，字德纯，号贞元，秀水（今浙江省嘉兴市）人。书画收藏家、鉴赏家项元汴之子，万历年间书法理论家。

《书法雅言》是一部书法理论著作，共十七篇，包括《书统》、《古今》、《辨体》、《形质》、《品格》、《资学》、《规矩》、《常变》、《正奇》、《中和》、《老少》、《神化》、《心相》、《取舍》、《功序》、《器用》、《知识》。作者从儒家的观点出发，认为书法可以"发天地之玄微，宣道义之蕴奥，继往圣之绝学，开后觉之良心"；书法是人格的表现，"心之所发"，"运之为字迹"，认为人品不同、性情各异影响到笔势运行，就会产生出不同的字形。关于书法学习，项穆强调内心修养，强调一开始便应注意精神与形式的互相渗透。此外，作者还强调书法的"正统"，把王羲之与孔子并列，排斥苏轼、米芾，认为后世有成就的书法家都

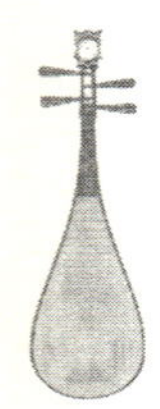

不过是发挥了王羲之的某一方面。其宗旨为扬晋人而抑苏轼、米芾，但叙述清楚、井然有序，观点皆出自经验总结，至今仍有很高的参考价值及借鉴作用。

《文房四谱》

北宋苏易简著。苏易简（公元957—995年），字太简，武功（今陕西武功）人，官至参知政事。全书共五卷，凡《笔谱》二卷，《砚谱》、《墨谱》和《纸谱》各一卷，附笔格、水滴器。书前有徐铉序，末有雍熙三年（公元986年）自序。叙述文房四宝——笔、砚、墨和纸的本末、制作工艺及相关故事，并录有关诗词文赋。援引类书及唐五代以前旧籍，广搜博采。其体例仿照唐欧阳询的《艺文类聚》，分门隶事，后附诗文。古代专举一器一物辑成一谱者，自此开始。故多为后人所宗，比如后来的《砚笺》、《蟹录》都沿用该书的体例。

《录鬼簿》

《录鬼簿》是我国第一部重要的戏曲书。它的作者是元代后期的戏曲作家钟嗣成。

《录鬼簿》一书系统地记载了元代杂剧和散曲作家152人的姓名、生平、作品，并对其中一部分加以评论，这是有关元代戏曲的第一手宝贵资料。

钟嗣成在《录鬼簿》序中说，人只知已死的叫鬼，而不知没有死的也是鬼。一些醉生梦死、道貌岸然、空谈义理之徒，虽然活着，但与已死之鬼也差不多。天地间也有不死之鬼，那些优秀的戏曲作者由于高才博艺而永垂史册。他还说，我自己也是鬼，我只是想使已死和未死之鬼得以流传久远，并引导后来作者超过前人，所以把书名叫做《录鬼簿》。

《录鬼簿》对董解元、关汉卿等进步剧作家给予了高度评价。它在我国古代戏曲理论批评的发展史上，具有承前启后的作用。

水墨画

中国画的一种。指纯用水墨所作之画。基本要素有三：单纯性、象征性、自然性。相传始于唐代，成于五代，盛于宋元，明清及近代以来续有发展。以笔法为主导，充分发挥墨法的功能。“墨即是色”，指墨的浓淡变化就是色的层次变化。“墨分五彩”，指色彩缤纷可以用多层次的水墨色度代替

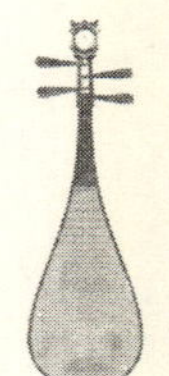

之。北宋沈括的《图画歌》云："江南董源传巨然，淡墨轻岚为一体。"就是说的水墨画。唐宋人画山水多湿笔，出现"水晕墨章"之效，元人始用干笔，墨色更多变化，有"如兼五彩"的艺术效果。唐代王维对画体提出"水墨为上"，后人宗之。长期以来，水墨画在中国绘画史上占着重要地位。

文人画

文人画，也称"士夫画"，中国画的一种。泛指中国封建社会中文人、士大夫所作之画，以别于民间画工和宫廷画院职业画家的绘画。北宋苏轼提出"士夫画"，明代董其昌称道"文人之画"，以唐代王维为其创始者。但旧时也往往借以抬高士大夫阶层的绘画艺术，鄙视民间画工及院体画家。唐代张彦远在《历代名画记》曾说："自古善画者，莫非衣冠贵胄，逸士高人，非闾阎之所能为也。"此说影响甚久。

近代陈衡恪则认为："文人画有四个要素：人品、学问、才情和思想，具此四者，乃能完善。"通常"文人画"多取材于山水、花鸟、梅兰竹菊和木石等，借以发抒"性灵"或个人抱负，间亦寓有对民族压迫或对腐朽政治的愤懑之情。他们标举"士气"、"逸品"，崇尚品藻，讲求笔墨情趣，脱略形似，强调神韵，很重视文学、书法修养和画中意境的缔造。姚茫父的《中国文人画之研究·序》曾有很高的品评："唐王右丞（维）援诗入画，然后趣由笔生，法随意转，言不必宫商而邱山皆韵，义不必比兴而草木成吟。"历代文人画对中国画的美学思想以及对水墨、写意画等技法的发展都有相当大的影响。

文人画是画中带有文人情趣、画外流露着文人思想的绘画，是中国绘画大范围中山水、花鸟、人物的一个交集。陈衡恪解释文人画时讲"不在画里考究艺术上功夫，必须在画外看出许多文人之感想"。"此之，所谓文人画或谓以文人作画，知画之为物。是性灵者也，思想者也，活动者也，非器械者也，非单纯者也。"说明了文人画所具有的文学性、哲学性、抒情性。在传统绘画里它特有的"雅"与工匠画和院体画有所区别，独树一帜。

指头画

指头画，也叫指画、指墨，是用手指头画的中国画。指画的创始人是清代的高其佩。在高其佩之前，唐代张文通也曾用手指头修改画中局部，但没有系统地用手指头画出完整的国画。高其佩早年也用传统的毛笔画过画，

但久久未能创造自家的风格，在他发明了指画后才独创一格，成为指画的开山祖。高其佩的指画题材包罗万象，山水、人物、花卉、虫鸟，有的气势磅礴，有的刻画细微，有很高的成就。

皴法

中国画表现技法之一。古代画家在艺术实践中，根据各种山石的不同地质结构和树木表皮状态，加以概括而创造出来的表现形式。

其皴法种类都是以各自的形状而命名的。早期山水画的主要表现手法为以线条勾勒轮廓，之后敷色。随着绘画的发展，为表现山水中山石树木的脉络、纹路、质地、阴阳、凹凸、向背，逐渐形成了皴擦的笔法，形成中国画独特的专用名词“皴法”。

其基本方法是以点线为基础来表现山岳的明暗（凸凹），因地质构造的不同，表现在山石的形貌亦各不相同，因而形成了各类型的皴擦方法与名称，一般称为披麻皴、乱麻皴、芝麻皴、大斧劈皴、小斧劈皴、卷云皴（云头皴）、雨点皴（雨雪皴）、弹涡皴、荷叶皴、矾头皴、骷髅皴、鬼皮皴、解索皴、乱柴皴、牛毛皴、马牙皴、斫褶皴、点错皴、豆瓣皴、刺梨皴（豆瓣皴之变）、破网皴、折带皴、泥里拔钉皴、拖泥带水皴、金碧皴、没骨皴、直擦皴、横擦皴等。清郑绩将它们列为十六家皴法。

泼墨

中国画技法名。相传唐代王洽以墨泼纸素，脚蹴手抹，随其形状为石、云、水，应手随意，图出云霞，染成风雨，宛若神巧，俯视不见其墨污之迹（见《唐朝名画录》）。

明代李日华《竹嬾画媵》：“泼墨者用墨微妙，不见笔迹，如泼出耳。”清代沈宗骞《芥舟学画编》：“墨曰泼墨，山色曰泼翠，草色曰泼绿，泼之为用，最足发画中气韵。”后世指笔酣墨饱，或点或刷，水墨淋漓，气势磅礴，皆谓之“泼墨”。现代亦有以彩色为主的纵笔豪放的画法，称为“泼彩”。

意在笔先

意在笔先，指写字画画，先构思成熟，然后下笔。出自晋王羲之《题卫夫人＜笔阵图＞后》：“夫欲书者，先干研墨，凝神静思，预想字形大小，偃仰平

直振动，令筋脉相连，意在笔前，然后作字。”

吴带当风，曹衣出水

“吴带当风，曹衣出水”是中国传统的人物画中两种比较有特色的线描方法：一种是“吴带当风”，另一种是“曹衣出水”。

这两种方法风格不同，但对后代的人物画都有很大的影响，尤其是“吴带当风”。

“吴带当风”指的是唐代著名的佛像人物画家吴道子的线描方法。他所画的人物，线条圆转有力，衣带飘飘，好像是被风吹着舞动一般，所以由此得名。这种风格也被称做“吴装”或“吴家样”，是很有名的佛教造像样式，后来许多画家学的都是吴道子的这种方法。现在从许多寺庙的壁画中都可以看出这种风格的影响。

“曹衣出水”也称“曹家样”，常常和“吴家样”相提并论。它的创始人是南北朝时期北齐的画家曹仲达。这位画家所画的佛教人物，笔法非常稠密、重叠，衣服显得又窄又紧，贴在身上，仿佛是穿着湿衣服刚刚从水中出来一般。

画圣

吴道子（约公元 680—759 年）唐代画家，画史尊称吴生，又名道玄，阳翟（今河南禹州）人。约生于永隆一年（公元 680 年），卒于乾元元年（公元 758 年）前后。少孤贫，初为民间画工，年轻时即有画名。曾任兖州瑕丘（今山东滋阳）县尉，不久即辞职。后流落洛阳，从事壁画创作。开元年间以善画被召入宫廷，历任供奉、内教博士、宁王友。曾随张旭、贺知章学习书法，通过观赏公孙大娘舞剑，体会用笔之道。擅佛道、神鬼、人物、山水、鸟兽、草木、楼阁等，尤精于佛道、人物，长于壁画创作。由于吴道子的绘画艺术对唐代的绘画有着深刻影响，他被画工尊为“师祖”、“画圣”。

黄家富贵、徐熙野逸

黄家富贵、徐熙野逸是国画的两个流派。

“黄家富贵”，又称“黄筌画派”。在中国花鸟画史上占有重要地位。它是五代花鸟画两大流派之一，成熟于五代西蜀的黄筌，光大于宋初的黄居

家。黄筌才高技巧，善于取融前人轻勾浓色的技法，独标高格，是深得统治阶层喜爱的御用画家。其子居寀、居宝承其家风，成为两宋时占统治地位的花鸟派别。黄筌为宫廷画家，多写宫苑中的奇花怪石、珍禽瑞鸟，勾勒精细，设色浓丽，不露墨痕，所谓“诸黄画花，妙在赋色”（沈括），画成逼肖其生，故有“黄家富贵”之称。黄派代表了晚唐、五代、宋初时西蜀和中原的画风，成为院体花鸟画的典型风格。入宋后，当时凡画花鸟无不以“黄家体制为准”。

“徐家野逸”，简称“徐派”。中国著名的画派之一，也是五代花鸟画两大流派之一。代表画家为南唐的徐熙。徐氏为金陵（今江苏南京）人，虽江南一布衣，但志节高尚，放荡不羁，多状江湖，所绘的汀花野竹、小鸟渊鱼、草木虫兽，皆妙入造化。所作花木禽鸟，形骨轻秀、朴素自然、清新淡雅，独创“落墨法”。他的作品注重墨骨勾勒，淡施色彩，流露潇洒的风格，故后人以“徐熙野逸”称之。徐氏的笔墨技巧对后世影响很大，至徐熙之孙徐崇嗣出，徐熙画派名声渐振。后经张仲、王若水，到明代沈周、陈道复、文征明、徐渭等人加以发展，成定型的水墨写意花鸟画，从而与黄筌的花鸟画派互相竞争，影响了宋、元、明、清千余年的花鸟画坛。

北宋三家山水

关仝、范宽、李成合称北宋山水画三大名家。

关仝（约公元 907—960 年），长安（今陕西西安）人五代后梁画家，一作关同、关穜，生卒年不详。画山水早年师法荆浩，刻意学习，几至废寝忘食。他所画山水颇能表现出关陕一带山川的特点和雄伟气势。北宋米芾说他“工关河之势，峰峦少秀气”。关仝在山水画的立意造境上能超出荆浩的格局，而显露出自己独具的风貌，被称之为关家山水。他的画风朴素，形象鲜明突出、简括动人，被誉为“笔愈简而气愈壮，景愈少而意愈长”。关仝喜作秋山、寒林、村居、野渡、幽人逸士、渔村山驿的生活景物，能使观者如身临其境，“悠然如在灞桥风雪中，三峡闻猿时”，具有强烈的艺术感染力。论者谓其晚年成就，较之荆浩更能青出于蓝，是荆浩画派的有力继承者，与荆浩并称为荆关。

范宽生卒年月不详，据画史记载，他生于五代末，在宋仁宗天圣年间（公元 1023—1031 年）年还健在。本名中正，字中立（又作仲立），北宋山水画

家，生活于北宋前期，名列北宋山水画三大名家之一。陕西华原（今铜川市耀州区）人。因为他性情宽厚、不拘成礼，时人呼之为“宽”，遂以范宽自名。据《宣和画谱》记载，他“风仪峭古，进止疏野，性嗜酒，落魄不拘世故”。

李成（公元 919—967 年）中国五代及北宋画家，字咸熙，原籍长安（今陕西西安），先世系唐宗室，祖父李鼎于五代时避乱迁家至营丘（今山东昌乐），故又称李成为李营丘。他博学多才、胸有大志，但不得施展，遂放意诗酒书画，后醉死于陈州（今河南淮阳）客舍。擅山水，师承荆浩、关仝，并加以发展，多画郊野平远旷阔之景，多作平远寒林。画法简练，笔势锋利，好用淡墨，有“惜墨如金”之称；画山石好像卷动的云，后人称这种表现技法为“卷云皴”。米芾形容李成的画“淡墨如梦雾中，石如云动”，这种“石如云动”的形象成为以后画家用李成笔法作画的重要风格标记。

雀爪郭熙

郭熙（公元 1023—约 1085 年）字淳夫，河南温县（今属河南）人。熙宁（公元 1068—1077 年）年间为图画院艺学，后任翰林待诏直长，创作活动旺盛的时代正是宋神宗在位的熙宁、元丰年间（公元 1068—1085 年）。

工画山水寒林，宗李成法，山石用“卷云”或“鬼脸”皴法，画树枝如蟹爪下垂，笔力劲健，水墨明洁。布置笔法独树一帜，早年巧赡致工，晚年落笔益壮，常于高堂素壁作长松巨木、回溪断崖、岩岫巉绝、峰峦秀起、云烟变幻之景。神宗赵顼曾把秘阁所藏名画令其详定品目，郭熙由此得以遍览历朝名画，“兼收并览”终于自成一家，成为北宋后期的山水画巨匠，与李成并称为“李郭”，与荆浩、关仝、董源、巨然并称为五代北宋间山水画大师。郭还精画理，提倡画家要博取前人的创作经验并仔细观察大自然，他观察四季山水，有“春山淡冶如笑，夏山苍翠如滴，秋山明净如妆，冬山惨淡如睡”之感受，在山水取景构图上，创“高远、深远、平远”之“三远”构图法。

《宣和画谱》著录御府藏其作品有《奇石寒林图》、《古木遥山图》、《烟雨图》、《晴峦图》、《幽谷图》、《平远图》等 30 件。传世作品有元丰元年（公元 1078 年）作《窠石平远图》轴，现藏故宫博物院；《幽谷图》轴藏上海博物馆；《溪山访友图》轴藏云南省博物馆；《树色平远图》卷藏美国大都会美术馆；《早春图》轴、《关山春雪图》轴均藏台北故宫博物院。著有画论《林泉高致》，

为其子郭思纂集，为中国第一部完整而系统地阐述山水画创作规律的著作。

马一角、夏半边

南宋山水画家马远，字遥父，号钦山，祖籍河中（治今山西永济西），生长钱塘（今浙江杭州），曾祖贲、祖兴祖、父世荣、伯父公显、兄逵，均曾任画院画家。远承家学，光宗、宁宗时（公元1190—1224年）历任画院待诏。

马远擅画山水，取法李唐，而能自出新意，下笔遒劲严整、设色清润。所画山石，以带水笔作大斧劈皴，方硬有棱角；写树叶有夹笔，树干用焦墨，多横斜曲折之态；所绘楼阁，大都运用界尺，而加以衬染，多作“一角”、“半边”之景。时人以其构图别具一格，称其为“马一角”。又工画水，兼精人物、花鸟。后人将其与夏圭并称为“马夏”，又与李唐、刘松年合称为“南宋四家”。

夏珪（生卒年不详），又名圭，字禹玉，中国南宋画家，临安钱塘（今浙江杭州）人。宋宁宗时（公元1195—1224年）为画院待诏，赐金带。理宗时（公元1225—1264年）为画院祗候，阶训武郎。早年工人物画，后以山水画著称，是北派山水代表人物之一。他与李唐、刘松年、马远被合称为“南宋四大家”。

夏珪画人物酝酿墨色如傅粉之色，笔法苍老，墨汁淋漓，人称“奇作”。画楼阁不用界尺，常信手而成，形势突兀奇怪、气韵生动。尤其擅长雪景，效法范宽，画山石时用水墨皴染，皴法苍劲古朴而简练疏淡，创造拖泥带水皴，画树常用秃笔或树叶间夹笔，笔简意足、清旷俏丽，善于提炼剪裁，景色含蓄动人、清幽深远，所画山水构图取景多为半边，善取边角小景（如山角、水涯），画面留较多空白，以小见大，以局部表现整体，寓意南宋偏安一隅，仅存残山剩水，人称“夏半边”。

扬州八怪

扬州八怪是中国清代中期活动于扬州地区的一批风格相近的书画家总称，或称扬州画派。“扬州八怪”之说，由来已久。但八人的名字，其说互有出入。据李玉棻《瓯钵罗室书画过目考》中的“八怪”为罗聘、李方膺、李鱓、金农、黄慎、郑燮、高翔和汪士慎。此外，各书列名“八怪”的尚有高凤翰、华嵒、闵贞、边寿民等，说法很不统一，今人取“八”之数，多从李玉棻说。

从康熙末年崛起，到嘉庆四年（公元1799年）“八怪”中最年轻的画家罗

聘去世,前后近百年。他们的绘画作品为数之多、流传之广,无可计量。仅据今人所编《扬州八怪现存画目》记载,为国内外 200 多个博物馆、美术馆及研究单位收藏的就有 8000 余幅。他们作为中国画史上的杰出群体,已经闻名世界。

扬州八怪生前即声名远播。李鱓、李方膺、高凤翰、李勉,先后分别为康熙、雍正、乾隆三代皇帝召见,或试画,或授职。乾隆八年(公元 1743 年),弘历见到郑燮所作的《樱笋图》,即钤了"乾隆御览之宝"朱文椭圆玺。乾隆十三年(公元 1748 年),弘历东巡时,封郑燮为"书画史"。罗聘尝三游都下,"一时王公卿尹,西园下士,东阁延宾,王符在门,倒屣恐晚;孟公惊座,觌面可知。"

扬州八怪的大胆创新之风,不断为后世画家所传承。近现代名画家如王小梅、吴让之、赵之谦、吴昌硕、任伯年、任渭长、王梦白、王雪涛、唐云、王一亭、陈师曾、齐白石、徐悲鸿、黄宾虹、潘天寿等,都各自在某些方面受"扬州八怪"的作品影响而自立门户。他们中多数人对"扬州八怪"的作品作了高度评价。徐悲鸿曾在郑燮的一幅《兰竹》画上题云:"板桥先生为中国近三百年最卓绝的人物之一。其思想奇,文奇,书画尤奇。观其诗文及书画,不但想见高致,而其寓仁悲于奇妙,尤为古今天才之难得者。"

湖笔

湖州毛笔简称"湖笔",是毛笔中的佼佼者,以制作精良、品质优异而享誉海内外,已成为毛笔的代名词。历史悠久,技艺精湛,素有"毛颖之技甲天下"的美称。湖笔的品种繁多,有近三百个品种。地处浙江湖州市的善琏镇,是湖笔的发源地和主要产地,素有笔都之称。善琏镇几乎家家户户会制笔,涌现出湖笔世家。北京戴月轩、上海杨振华、天津虞永和、杭州邵芝岩等笔庄,都是湖州人开设的,且都以湖笔相标榜。

徽墨

徽墨是以松烟、桐油烟、胶为主要原料,成为绘画使用的特种颜料。据史料载,徽墨的生产可追溯到唐代安史之乱,易州墨工奚超父子逃至徽州,定居制墨。南唐后主李煜时奚氏墨始名扬天下,为徽墨伊始。

徽墨的制作配方和工艺非常讲究,有拈来轻、磨来清、嗅来馨、坚如玉、

一点如漆、万载存真的美誉。徽墨的另一个特点是造型美观，质量上乘、特征鲜明、技艺独特、流派品种繁多，在中国制墨史上占有重要地位。

宣纸

宣纸因原产于唐代宣州泾县（今属安徽）而得名，是中国古代用于书写画的纸，现主要产于安徽泾县。由于宣纸易于保存、经久不脆、不会褪色，故有“纸寿千年”之誉。

据说，东汉蔡伦死后，其弟子孔丹在皖南造纸，很想造出一种洁白的纸为老师画像，以表缅怀之情。后在一峡谷溪边，偶见一棵古老的青檀树，横卧溪上，由于经流水终年冲洗，树皮腐烂变白，露出缕缕长而洁白的纤维，孔丹若狂，取以造纸，经反复试验，终于成功，这就是后来的宣纸。

宣纸具有“韧而能润、光而不滑、洁白稠密、纹理纯净、搓折无损、润墨巾”等特点，并有独特的渗透、润滑性能。

按加工方法分类，宣纸一般可分为生宣、熟宣、半熟宣三种。

歙砚

歙矾的全称为歙州砚，又有人称为婺源砚，为中国四大名砚之一，是砚史上砚齐名的珍品。产于古歙州，其中以婺源（今江西省婺源县）的龙尾砚为优源。歙砚已有一千多年的历史。

歙砚石质坚韧润密、莹润细密，纹理多富变化，贮水不耗，历寒不冰，雕刻精细，浑朴大方。有“坚、润、柔、健、细、腻、洁、美”八德。嫩而坚，纹理细密，兼具坚、润之质，有“涩不留笔、滑不拒墨”的特点，敲击时有清越声，抚之若肤，磨之如锋，发墨如油，长久使用，砚上残墨陈垢，入水一濯即如新，被誉为“石冠群山”。歙砚雕刻以浑厚朴实、线条挺秀、刀法刚健著名。历代砚雕名家的辛勤耕耘取得了很大发展，尤其是近几十年来涌现出许多高手，并形成了多种流派，继承传统之精华，又加以创新发展，使作品更具收藏价值。

水注

水注，也称“水滴”、“砚滴”。是古代文人磨墨时用来装水、滴水的文水，于砚面供研墨之用，有嘴的叫“水注”，无嘴的叫“水丞”。宋元时期水注盛行，以浙江龙泉窑和景德镇青白釉制品为丰富，器形有方、圆、立瓜、卧桃、莲

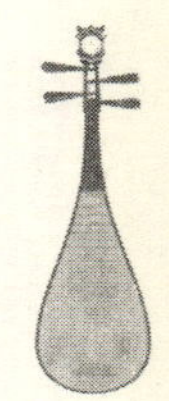

房、蒂叶、茄壶、牧童、罗汉骑兽、双鸳、卧牛、飞蟾诸式，也常做辟邪、蟾蜍、天鸡等动物形状，器身附流和小孔。明代以景德镇窑制品为佳，器形有桃注、飞石榴注、双瓜注、飞双鸳注等。

镇纸

古代文人时常会把小型的青铜器、玉器放在案头上把玩欣赏，因为它们都有一定的分量，所以人们在玩赏的同时，也会随手用来压纸或者是压书，久而久之，发展成为一种文房用具——镇纸。古代镇纸大多采用兔、马、羊、鹿、蟾蜍等动物的立体造型，面积较小而分量较重，材质多为玉、陶瓷、铜以及水晶等。

明清两代，书画名家辈出，极大地促进了文房用具的制作和使用，镇纸的制作材料和造型也有了新的变化，材料除了继续使用铜、玉之外，还增加了石材、紫檀木、乌木等，形状大多为长方形，因为这个缘故，镇纸也常常被叫做镇尺、压尺。

臂搁

臂搁是明清时期，为了防止手臂沾墨，文人们发明了一种枕臂的工具。臂搁一般用玉、檀木、竹子制作而成，也有象牙和瓷质的，其中以竹制为多，一般用去节后的竹筒，将其分劈成三块，然后在凸起的竹面上进行镌刻，一般多采用浅刻平雕，镌刻的内容有文字也有图案，通常是座右铭、诗画以及赠言等。

四大名砚

广东端溪的端砚、安徽歙县的歙砚、甘肃南部的洮砚、河南洛阳的澄泥砚，并称为“四大名砚”。砚是中国书法的必备用具。砚台不仅是文房用具，由于其性质坚固，传百世而不朽，又被历代文人作为珍玩藏品之选。

端砚产于广东肇庆东郊的端溪，世称端砚为“群砚之首”；歙砚又称“龙尾砚”、“婺源砚”，砚石产于江西婺源龙尾山，婺源古属歙州，故名歙砚；洮砚的特点是石质碧绿、整洁如玉，条纹似云彩，贮墨不变质，十多天不干涸；澄泥砚最早产于山西绛州，其孕于汉，兴于唐，盛于宋，明代达到炉火纯青，跻身中国四大名砚之列。

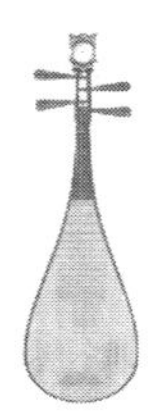

墨砚除了使用价值以外，还有很高的艺术观赏价值。汉代的砚，侧面刻有鸟兽图案。随着时间的推移，雕刻工艺越来越精湛。常常一个墨砚就是一个绝妙的工艺品，以致有些砚台专为观赏而做。

兼毫

用两种以上的毫毛混合在一起制成的毛笔，称为“兼毫”。一般兼毫以狼毫或紫毫（紫色兔毛）与羊毫合制而成为主。制作兼毫笔时，要充分考虑各种毛质的性能、特点，相互之间配比要适当，配制的部位要合理，几种毛的长短、含量要准确计算才能达到预期的效果。兼毫多取一健一柔相配，以健毫为主，居内，称为“柱”，柔毫则处外为副，称为“被”。柱之毫毛长，被之毫毛短，即所谓“有柱有被，总体要达到尖齐圆健”的基本要求。日常所用多为兼毫，笔名有表明兼毫之成分者，如三紫七羊、七紫三羊、五紫五羊等；也有紫、狼相兼者称“紫狼毫”，鸡、狼相兼者称“鸡狼毫”，鹿、狼相兼者称“鹿狼毫”，豹、狼相兼者称“豹狼毫”等。兼毫笔往往刚柔适中，颇便挥运，且价廉工省。

女书法家

在我国漫长的历史中，还出现过不少女书法家。

东汉末年的女诗人蔡琰（字文姬），继承家学，在书法上的造诣也很深。

东晋时，还有一位著名的女书法家，她就是王羲之的老师卫夫人，她姓卫，名铄，学习钟繇的书法，达到了登堂入室的地步。她的代表作是《古名姬帖》小楷。其笔法古朴肃穆、体态自然，是楷书中的上品。

唐、宋、元、明各朝，也出现过不少女书法家。唐朝有吴采鸾、薛涛、武则天等。吴采鸾所书小楷很有钟繇、王羲之的笔意，道劲古雅，可与卫夫人媲美。薛涛所书的《陈思王美女篇》行书，笔势跌宕秀逸。武则天书写草体，书法婉约，气势圆润。

宋代女书法家有朱淑真，所书小楷端庄精劲，深得王羲之笔法。管道升是元代女书法家，字仲姬，她是赵孟頫的妻子，她写的《梅花赋》小楷，清丽悠闲。

山水画

在我国古代绘画各科中，山水画是最重要的一个科目，也是影响最

大的。

我国山水画的历史可追溯到战国以前，那时人们在生产劳动中，将大川河流的形象广泛用于工艺装饰，于是山水画也随之逐渐崛起，如夏商周铜鼎上的山云纹等。

魏晋六朝尽管山水画有所发展，但绘画中的山水还只是作为人物故事的陪衬出现在画面上的。以表现景物为主的山水画，大约始于隋代展子虔的《游春图》。展子虔笔下，山水成了构图的主体，并且注意到客观物体之间远近、大小、高低的比例关系。它的出现，是山水画成为独立艺术的标志。

到唐朝时，山水画出现了青绿和水墨两种不同的表现手法和审美风格。青绿山水，也就是用矿物质石青、石绿作为主色的山水画，笔法工整，着色浓重，金碧辉煌。代表人物有展子虔和大小李将军（李思训、李昭道父子）等。水墨山水是当时创立的新兴画派，其特点在于以墨的浓淡变化和层次交融来展现大自然的空间深度及韵致，主要代表人物有张桑、王维等。王维将诗的意境熔铸在绘画之中，是和他在创作技法上的创新分不开的。传说他的传世作品有《雪溪图》。

山水画创作的全盛时期是五代和北宋，当时涌现出不少名画家。以他们所处的不同地区，划分为两大画系。北方画派以荆浩、关仝、李成、范宽为代表，作品较多表现出雄壮峭拔的风格。此外，还出现了以泼墨为法，追求“意似”之“简”的米芾、米友仁父子，他们画山、画树重在墨法，墨中见笔，以浑然之水墨来写空濛云雾中的烟雨景象，达到“满纸淋漓障犹湿”的境界，开创了山水画创作的新的艺术境界。

元代出现了许多山水画家，其中成就很大的有钱选、赵孟頫、高克恭和“元末四大家”即黄公望、吴镇、倪瓒、王蒙。尤其是元末四大家，他们的水墨写意山水画在题材选择和审美意识上都表现出文人摆脱仕途烦恼、思想孤高、隐逸山林以寻求内心平衡的心态。

明代初期有以戴进为代表的浙派，明中期则有被称为“吴门四大家”的沈周、文征明、唐寅、仇英，他们打破了以往画家据守一科的局限，既画山水也画花卉、人物，虽然审美风格各有特点，但总的倾向是注重抒发文人潇散淡逸的意兴，发扬光大了文人画的传统。

清代山水画的代表人物是“四画僧”，即浙江、石溪、八大山人和石涛。

他们在艺术创作上的共同特点是反对当时复古的风气，主张师古而不囿于古，强调“师造化”，即以自然为师。石涛更明确地提出“我自用我法”，在艺术上要有自己的创造。

人物画

以人物形象为主体的绘画，是中国书画中的一个大科目，通常就称为“人物画”。

在中国古代绘画各科目中，人物画是较早出现并较早趋于成熟的。1949 年长沙楚墓出土的《人物龙凤帛画》，是至今见到的最早的具有独立意义的绘画作品，距今已有两千多年。汉墓壁画中，也有不少人物作品。

魏晋时期，一代宗匠顾恺之，是一位杰出的人物画家。他提出了“以形写神”等艺术见解，为人物画的创作奠定了理论基础，对后世影响很大。代表作品《洛神赋》、《女史箴图》等，至今举世闻名。

人物画在唐代发展到高峰。阎立本、吴道子是唐代人物画的杰出画家。阎立本的许多人物画作品都是奉唐太宗之命创作的，其中有不少是肖像画。传世的《步辇图》是阎立本的代表作。吴道子被人们誉为“古今独步”的“画圣”，主要从事壁画创作，题材以释道人物为主。传世作品有《天王送子图》。

唐代值得一提的还有以张萱和周昉为代表的宫廷仕女画。张萱的《虢国夫人游春图》、《捣练图》和周昉的《簪花仕女图》，着意描绘的是民间社会的女性，体态丰腴，体现了唐人的审美观点。

五代、两宋以后，人物画转而以社会实践为内容，在人民生活中产生了很大影响。

花鸟画

花鸟画是中国画的一种，其渊源可上溯到 7000 年以前的新石器时代。河姆渡文化、仰韶文化的彩陶上有植物形纹饰以及鸟、鱼、花、草类的图案。商周铜器、战国秦汉的漆器上，更离不开花鸟。花鸟在那时因负有与上帝神祇交通的使命而更具神秘的性质。

魏晋六朝时期，在顾恺之等著名画家的笔下，花鸟画已经从人物、山水画中独立而出，到唐代花鸟终于成为文献记载的名正言顺的画种。当时的代表人物有边弯、滕昌佑、刁光胤等。

五代的花鸟画分成两种画法体系：即黄筌的重彩写生（设色）和徐熙的重墨写意。徐熙所画多为江湖汀花、野竹、水禽之类，而黄筌表现的则为奇花异草、珍禽稀兽。两人所画内容和表现手法迥异，但他们二人都对后世，特别是宋代花鸟画的发展，产生了极其深远的影响。

北宋后期花鸟画步入全盛，这与宋徽宗“嗜玩”书画有着直接的关系。他不仅自己兼长书画，重视写生，以精工逼真著称，而且还扩充并亲自掌管翰林图画院，对绘画的发展颇有功绩。

明代后期，水墨写意花鸟十分兴盛，花鸟画有了很大的突破性进展，其中以陈淳、徐渭为杰出代表，将水墨写意风格推向成熟的高峰。他们笔下淋漓奔放的大写意花鸟画对后世影响颇大，其后如石涛、朱耷以至近现代的吴昌硕、齐白石、潘天寿等无不深受影响。

风俗画

所谓风俗画，是指以人们的生活习俗为题材的绘画。我国古代，从最早的岩画到汉代的画像砖，再到三国、隋唐的壁画，都有不少是描绘狩猎、耕耘、集市、祭祀、庆典等社会生活情景的图画，这就是早期的风俗画。

宋代社会的一个特征是市民阶层迅速崛起，反映到绘画领域则是风俗画的繁荣。由张择端创作的《清明上河图》，便是中国古代风俗画的代表作，历来被认为是中国绘画艺术中的瑰宝。

《清明上河图》全卷长 528.7 厘米，高 24.8 厘米，以全景式的构图反映了北宋都城汴河两岸清明时节的风光景象。

《清明上河图》全图约可分为三大段，开端一段写的是城郊景色：寒意尚未退去，树枝上却已露出了新绿，路上往来的行人，有的匆匆赶路，有的赶着毛驴往城里送炭，有的则是携亲带眷踏青扫墓归来。中段是全图最精彩的地方：以一座横跨的拱桥为中心，汴河上船只穿梭往来，一艘巨大的漕船正放倒桅杆准备过桥洞，船夫的吆喝声引来众多驻足观望的人们，呈现出一派运输、商贸的繁忙景象。末段绘的是城区的繁华景象，各式各样的店铺作坊鳞次栉比，不仅药铺、旅舍、肉店、钱庄应有尽有，甚至看相算命等三教九流也无所不包。城区内外行人摩肩接踵，有官吏、士绅、兵丁、和尚、乞丐、苦力等一应俱全。

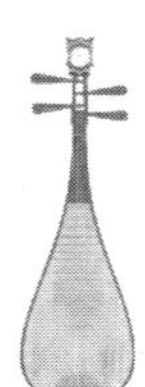

整个《清明上河图》共绘有人物五百余人，可称得上是宋代社会的一个缩影。整幅画面内容丰富，结构严谨，繁而不乱。

《龙凤人物图》

此画1949年出土于湖南长沙陈家大山楚墓。画面主要位置绘一侧身而立的细腰女子，身着长袍，头梳长髻，双手合掌做祈祷状。她的上方绘一龙一凤。凤鸟头上昂，振翼奋爪，尾翻飞，呈奋起状。龙则双足曲伸，身体蜿曲，势若扶摇直上。据考证，画中的仕女为墓主人形象，帛画无疑是葬仪中用以引导死者“灵魂升天”的铭旌。此画造型简洁生动、比例匀称，仅以墨线勾勒，用笔流畅挺拔。线描纹饰都经过精心处理，线之曲直配合得当、用色讲究，画面协调而富装饰意味。

《人物御龙图》

这幅帛画线条行走如丝，技法成熟，是我国早期传统绘画中的一件精品。在这幅画中有一个身材修长的男子，他穿了一件长袍，戴着高帽，腰间佩带一把剑；他手里拿着缰绳驾御着龙船，潇洒飘逸、神态自若，看上去是个有权有势的人；他的右上角有一只仙鹤仰望着苍天，左下侧有条大鱼像是在前面引路。整个画面隐喻了墓主人无论在天上还是在人间，都有享不尽的荣华富贵。

《飞天》

“飞天”是佛教中的一种神灵，也叫“凌空神”和“伎乐天”。传说飞天是莲花的化身，出生在风光绮丽的天宫七宝池，出现在鼓乐齐鸣、天花乱坠的佛说法的庄严时刻。它借着临风舞动的飘带，在天空云彩间自由地飞翔。这幅《飞天》图是西魏飞天壁画中最具代表性的一幅。这类图画大多是画在洞窟上部的天宫阁楼里，在敦煌石窟早期的壁画中占有较大的比例。抬头看这幅图，画面上有一个人在吹着笛子，另一个人在翩翩起舞，带动色彩艳丽的衣饰飘飘摇摇，给舞姿增色添彩，美不胜收，使人领略到一种空灵自由的神韵。

《簪花仕女图》

这幅图相传是唐代画家周昉的手迹，他的仕女画代表了当时仕女画的

主导风格。卷图上展现的是宫中有代表性的几个嫔妃和侍女，以古代人物画常用的主人大、仆人小的表现手法突出主要人物。画家笔下的几个嫔妃，有的在逗狗，有的在赏花，还有的在与蝴蝶嬉戏。写实的手法生动地刻画出嫔妃们薄如蝉翼的纱衣长裙和雍容华贵的高发花饰，再现了唐代仕女的盛妆，特别是色彩的成功运用，很好地表达了仕女们的柔和恬静之美。

《捣练图》

《捣练图》系唐代画家张萱之作。以其精湛的花艺描绘了唐代城市妇女在捣练、络线、熨平、缝制劳动操作时的情景。几个场面组织得自然得体，构图颇具匠心，疏密有致，动静相间。画中人物动作凝神自然、细节刻画生动，使人看出扯绢时用力地微微后退后仰，表现出作者的观察入微。其线条工细遒劲，设色富丽，其“丰肥体”的人物造型表现出唐代仕女画的典型风格。

《韩熙载夜宴图》

《韩熙载夜宴图》是由五代大画家顾闳中所作，是中国画史上的名作，是中国十大传世名画之一。它以连环长卷的方式，不仅仅是一幅描写私人生活的图画，更重要的是它反映出那个特定时代的风情。由于作者的细微观察，不放过任何一个细节，把韩熙载生活的情景描绘得淋漓尽致，画面里的所有人物的音容笑貌栩栩如生。在这幅巨作中，画有四十多个神态各异的人物，蒙太奇一样地重复出现，各个性格突出，神情描绘自然。全卷分为五段，每一段以一扇屏风为自然隔界。第一段是“听琵琶演奏”，第二段是“集体观舞”，第三段是“间息”，第四段是“独自赏乐”，第五段是“依依惜别”。《韩熙载夜宴图》从一个生活的侧面，生动地反映了当时统治阶级的生活场面。画家用惊人的观察力和对主人公命运与思想的深刻理解创作出的这幅精彩作品值得我们永久回味。

《明妃出塞图》

这幅出塞图是南宋画家宫素然的作品。画中描绘的是西汉元帝时宫女王昭君远嫁匈奴呼韩邪单于与随从出塞的情景。画面表现的景色荒凉，寒风迎面，人物形象刻画得真实生动，用笔纯熟，线条勾勒细致流畅。

作者以粗笔淡墨，画出塞外苍茫萧瑟的环境特点。人、犬、马的动作体现出风的肆虐，同时也反衬出王昭君镇静、从容的精神风貌，是一件难得的传世佳作。

《清明上河图》

中国的写实性绘画到宋代发展到了顶峰，出现了反映城市经济发展和市民生活的作品。这类作品被称之为“风俗画”。这在中国美术史上是一个新概念。在宋代之前，尤其在唐代，人物画大部分是以帝王贵族或神仙佛祖为对象的，反映普通人生活的作品几乎没有。到了宋代，社会的结构有了一些改变，居住在城市中的市民阶层手里掌握着大量的金钱，和荷兰 17 世纪时的市民阶层一样，他们出钱，要求画家们创作和他们生活有关的绘画，于是风俗画便大量出现了。

在这些作品中影响最大、最具代表性的应该说是北宋年间张择端画的《清明上河图》。上河指的是北宋京城汴梁（今河南开封）城中的汴河，清明指清明节。

画卷描绘的是清明节前后汴河两岸繁荣热闹的市民生活。分成三个大的部分：开首是宁静的田野村庄和准备去城里的乡人；中段是以虹桥为中心，汴河沿岸的商业贸易活动和河中的舟船运输场面；后段是城门内外，店铺林立，车马行人交错而行的热闹情景。三段之间，层层展开、跌宕有致，虽繁不乱、节奏分明，可见作者构图运笔的匠心。整幅画卷用写实笔法，一丝不苟，笔笔精到，画中男女老幼神情各异。各类动物、房屋、桥梁、船只的描绘更是具有史料价值。

此画作者张择端，是活跃于北宋后期卓越的风俗画家，曾一度供职于宫廷，后来在社会上卖画，传世作品不多。《清明上河图》为长卷形式。明清时此画为皇家所有，现藏北京故宫博物院。

《丽人行》

北宋画家李公麟的《丽人行》是一幅著名的仕女画，颇有唐代张萱《虢国夫人游春图》的意趣。李公麟是宋代文人士大夫画家中的卓越代表人物。这幅《丽人行》取材于杜甫的诗《丽人行》，描绘了秦、韩、虢三位夫人春游长安水畔的情景。设色明艳，清雅丰美，人物与马匹均形神俱备。画

面上，领前的是一位身材高大的太监，马速似乎太快，他正勒转马头使其暂停。一名太监和两名宫女在后，另一名扛衣太监骑青鬃马紧随三位夫人前行，以便随时救护。左前白马上面，是雍容华贵的韩国夫人，体态苗条，全神贯注于怀中的女儿。虢国夫人则轻盈地单勒马缰，使马四蹄舒缓、马首右转。她身着粉色长裙，鲜红背心，流目女童。外侧绿衣宫女护卫的是朱丹峨眉的秦国夫人，骑的是一匹花马，她艳红低胸长袖，紫蓝背心，双手控缰，虽慎骑谨坐，仍不失其娇美。人物勾画优雅细腻、呼之欲出，是宋代人物画中的珍品。

《听琴图》

宋徽宗赵佶的《听琴图》是他人物画中的代表作，也是一幅优秀的中国人物画。画中主人公居中危坐石墩上，黄冠缁服作道士打扮。他微微低着头，双手置琴上，轻轻地拨弄着琴弦。听者三人，右一人纱帽红袍，俯首侧坐，一手反支石墩，另一手持扇按膝，那神气就像完全陶醉在这动人的曲调之中；左一人纱帽绿袍，拱手端坐，抬头仰望，似视非视，那状态正是被这美妙的琴声挑动神思，在那里悠悠遐想；在他的旁边，站立着一个蓬头童子，双手交叉抱胸，远远地注视着主人公，正在用心细听，但心情却比较单纯。三个听众、三种不同的神态，都刻画得惟妙惟肖、栩栩如生。画面上方，有“六贼”之首蔡京所题的七言绝句一首，右上角有宋徽宗赵佶所书瘦金书字体的“听琴图”三字，左下角有他“天下一人”的画押。

《浴马图》

元代画家赵孟頫非常喜欢画马，注意观察生活，善于捕捉所画对象的特点，因此所画对象的神态十分逼真。此卷画溪水一湾，清澈透明，梧桐垂柳，绿荫成趣，骏马数匹，马倌九人。画中马的姿态各异，神态生动，有的立于水中，有的饮水吃草，有的昂首嘶鸣，有的卧立顾盼。马倌们牵马临溪，或冲浴马身，或在岸边小憩。人物、鞍马分别施以不同色彩，丰富浓郁而又清丽，做到了色不掩笔。整幅画用笔精细，色调浓润，风格清新秀丽，代表了赵孟頫人物鞍马画中的典型风貌，是一幅形神兼备、妙逸并具、风格高雅的艺术精品。

《苏武牧羊图》

清代画家任颐的《苏武牧羊图》取材于苏武牧羊的历史故事，画面上不设背景，以此来突出苏武牧羊之地的荒凉，在这儿只能用野鼠、草根来充饥，靠羊群御寒，但苏武不愿背叛汉朝而归附匈奴。挨着羊群席地而坐的苏武，胡须花白，面容憔悴。画家着意刻画他手里紧紧握着的汉节，以及从汉节后面露出的那只眼睛中透出的坚定信念，笔底间流露着苏武不辱使命、坚韧不屈的高尚民族气节。

《麻姑献寿图》

麻姑是中国古代神话传说中的女仙，传说每年三月三日西王母寿辰，她都要用灵芝酿酒祝寿，因此古时候为女性祝寿多画麻姑像表示庆贺。这幅《麻姑献寿图》是清代任熏的得意之作，图中的麻姑形象精妙入微，神情刻画颇为传神。她体态丰腴，相貌端庄，双手交于胸前，执灵芝、萱草。身旁的玉女手托装有蟠桃和仙草的果盘。二人衣着华丽，设色浓艳。画家运笔坚实刚劲，顿挫有致。背景的山石、夹叶树以及远处缭绕的祥云用笔浅淡、空灵，使画面的主体越发突显，加上金笺底色，使画面更加华丽典雅。

《游春图》

《游春图》是隋代画家展子虔的传世作品，是古老的卷轴山水画。此图描绘了江南二月桃杏争艳时人们春游的情景。全画以自然景色为主，放目远眺：青山耸峙，江流无际，花团锦簇，湖光山色，水波粼粼，人物、佛寺点缀其间。笔法细劲流利。在设色和用笔上，颇为古意盎然，山峦树石皆空勾无皴，但线条已有轻重、顿挫的变化。以浓烈色彩渲染，烘托出秀美河山的盎然生机。这幅画的技法特点是以线勾描物像，色彩明丽，人物直接以粉点染。其双钩夹叶法和点花法等对唐李思训一派的青绿山水产生很大影响。《游春图》的出现，结束了"人大于山和水不容泛、树木若伸臂布指"的早期幼稚阶段，使山水画进入青绿重彩、工整细巧的崭新阶段。

《潇湘图》

《潇湘图》是五代南方山水画派之祖董源的代表性作品，它充分反映了董源在山水画创作上所达到的艺术成就。打开《潇湘图》，一片清旷疏朗之

气扑面而来。全画以平远取势构图，描摹出江南山水的秀润空灵与淡远清深。根据图中人物的活动，画面可分为左右两部分。右半部主要描绘游船的活动，水面上一只小船正缓缓向汀岸靠拢，船中一个貌似高官的朱衣人端坐于伞盖之下，身边另有陪侍和舟子数人。岸上一行五人似在迎接小船，稍远处几个女子正遥遥观望。左半部所表现的是网捕景象，坡岸上几个渔人正撒网捕鱼，另有几个已下到水里，似在水下安网。在这两组人物之外，水面上还有几只小艇，错落点缀于清波之间，自在往返。画卷下端，沙洲苇渚历历可见。而上端的坡岸后，茂林重叠，屋舍隐约可见。其后山势连绵，层峦叠嶂，蔚然深秀。

《关山行旅图》

《关山行旅图》出自五代山水画家关仝之手。关仝和他的老师荆浩共同被称为“北方派”，而且他的成就还超过了他的老师。《关山行旅图》是他的传世作品。画面展现的生活场景真实生动，富有生机。近处板桥上三驴踯躅而行，两位行旅者挑担、背筐后随，显出长途跋涉后即将歇息的放松状态。中景村落中几间简陋茅屋，诸多人物活动其间，有卸担询问的行旅人，有招待客人的店家，有闲坐嬉玩的稚童，还有小狗守立村头，这些情节经有机组合，真实地传达出僻远山村简朴、平和的生活气氛。远景山道上又有拉驴上山者，躬腰挑担下山者，另显一番艰辛情状。观者如身临其境。此画无疑也继承了北宋山水画的优良传统。

《秋山问道图》

《秋山问道图》是五代画家巨然的名作，是一幅秋景山水画。画上主峰居中，这是五代宋初的典型构图。山峰石少土多，气势显得温和厚重。与北方画派石体坚硬、气势雄强的画风、趣味完全不同。中部山间谷地、密林之中茅屋数间，一条蜿蜒的小路，绕过柴门，通往深谷。茅屋中依稀可见一人坐于蒲团之上，右边一人侧身对坐，大约就是问道者。山高密林，寂然无声，正是谈禅论道、修身养性的极佳妙境。画面下段，坡岸曲折，树木偃仰多姿，水边蒲草被微风吹得轻轻摇摆，多少体现出秋爽的感觉。整幅画清秀淡雅，充满了诗意。

《溪山行旅图》

《溪山行旅图》是范宽的代表作，也是中国绘画史中的杰作。这件作品给人的第一感觉就是气势雄强，巨峰壁立几乎占满了画面，山头杂树茂密，飞瀑从山腰间直流而下，山脚下巨石纵横，使全幅作品体势错综，在山路上出现一支商旅队伍，路边一湾溪水流淌，正是山上流下的飞瀑，使观者如闻水声、人声、骡马声，也点出了溪山行旅的主题。画家以造型取胜，以酣畅的笔墨直指赏画者的心灵。

《春山瑞松图》

在中国传统山水画发展中，米芾独树一帜。画风被称为“米家山水”、“米氏云山”，其技法被称为“米点”。此画突破了过去运用线条表现峰峦、云水、树木的传统方法，把自王维以来的“水墨泻染”、王洽的“泼墨”、董源的“淡墨轻岚”及其点子皴，根据多雨迷蒙变幻无常的江南自然景色，加以融会贯通，创为以横点为主，画烟云变化、雨霁烟消的山水。图中描绘了云雾掩映的山林景色，白云满谷，远山耸立云端，近处古松数株隐显于雾气中。松下有亭，空无一人。山峦青绿晕染，再加“米点”（亦称“落茄被”），松树笔法细致、严密。用淡墨、淡色表现雾中树木，十分成功。作品描写的中心不是山峰林木，而是山中浮动的云雾，通过云雾表现春山的湿润、静谧和松树的矫健挺拔。

《踏歌图》

《踏歌图》是南宋著名画家马远的传世名作，是一幅山水人物画。画家表现雨后天晴的京城郊外景色。同时也反映出丰收之年，农民在田埂上踏歌而行的欢乐情景。此图近处田垄溪桥，巨石踞于左角，疏柳翠竹，有几个老农边歌边舞于垄上。远处高峰削成，宫阙隐现，朝霞一抹。整个气氛欢快、清旷，形象地表达了“丰年人乐业，垄上踏歌行”的诗意。

此图在具体画法上，用笔苍劲而简略，大斧劈皴极其干净利索，正是院体的典型特色。树木的枝干有下偃之势，则是马远个人的创造。这幅作品从总体上来说，虽然不是边角之景，但在具体处理上，已经融入了边角之景的法则。所以，并不以雄伟见长，而是以清新取胜，尤其是瘦削的远峰，宛如

水石盆景灵动轻盈，绝无北宋山水画那种迫人心肺的压倒气势。

《秋野牧牛图》

《秋野牧牛图》是南宋画家阎次平的代表作。这幅图描绘了真实生动的乡间生活情景，恰到好处地体现了画家细微的观察。图中画二牧童和三牛。二牧童坐于树下，一位似在给另一位捉虱子；一头大牛卧于树下，旁卧一小牛，另一牛向外奔去。前面树叶染以红色，后面树叶染以黄色，并以水墨写出，岸坡和远山则以淡墨轻抹，充满诗意。

《西湖柳艇图》

《西湖柳艇图》为南宋画家夏圭的作品，画面柔和细腻而又精致。画面中湖畔、柳树、游艇、屋宇、游人等配合得协调、生动而富于变化；用淡墨晕染出的浮动的白云与远方烟雾中隐约可见的树木相接，共同构成了一幅清净雅丽的湖光景色。画家采用“之”字形构图，柳堤曲曲折折伸向远方，由实到虚，逐渐与宽阔辽远的天空融合在一起。与远处简约概括的景物形成对比的是，近处景物则细致工匠，用笔严谨，如房屋、游艇的造型准确、结构合理。柳枝先用墨线精心勾出，再用淡墨渲染，营造出一种烟雾迷蒙、清丽雅淡的气氛。点缀在画卷中的人物打破了画面的沉寂，同时也传达了人与景物的和谐之美，给人一种真实而缥缈的美。

《水竹居图》

《水竹居图》是元代画家倪瓒的作品，倪瓒的作品具有鲜明的个人风格：诗与画配合，意境十分空阔，抒发了画家的失意悲哀之感。《水竹居图》写一仙居景致，平静的水面环绕着一段坡石，几株大树簇生其上，枝叶扶苏。树后一岸边空地上，树间茅舍掩映，屋后竹林茂密。远处高大山坡下，林木葱郁，相比而生。整个画面弥散着幽静、清凉的气氛。画中笔墨沉实、赋形具体，为画家中年时期的代表作之一。

《双松平远图》

《双松平远图》是元代艺术大师赵孟頫的作品，画面采取横幅构图，场面开阔，近景的双松耸立在怪石枯木之中，远处是平坡矮山。整个画面简约而古雅。右上部还题有“子昂戏作双松平远”的字样。画家追求笔墨的形式美

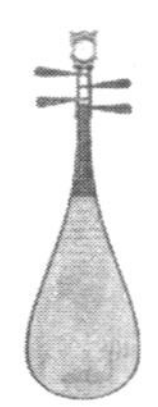

感，借鉴书法用笔的丰富内涵，对加强作品的艺术感染力起了重要作用。从卷末的自题中我们可以看出，赵孟頫已经抛弃了宋代画院体的画风，并在奋起直追唐和五代的艺术大师了。

《青绿山水图》

明代后期画家董其昌，是延续“吴门画派”的“松江派”代表画家。他擅画山水，运笔十分讲究笔致墨韵，与当时的邢侗、米万钟、张瑞图并称为“明末四大书家”，对明末清初的书风影响很大。这幅《青绿山水图》，平远而深广，立体感很强。雄伟的山峰上，草木、杂树错落有致，山坡上的茅舍清晰可见，溪水微泛碧波，点缀着板桥、小船。此图色彩鲜润，给人以静穆而温雅的感觉。

《渔乐图》

此图画江水行舟，远岸浮天，山石用笔简略，有斧劈笔意，足见马、夏一派遗韵。正如图后张大千题跋所说的那样:“沈著浑穆而意致洒然”。

作者詹景凤(公元 1532—1602 年)，字东图，号白岳山人，安徽休宁人。隆庆元年(公元 1567 年)举人，初为南丰掌教，终吏部司务。深于书学，尤擅狂草，论者谓可与祝允明并列当代。精鉴赏，著有《画苑》、《东图玄览》等书。

《秋江待渡图》

《秋江待渡图》是明代画家仇英的传世名作。江面既宽阔又弯曲，青松红树，疏柳修竹，崇山环抱。山中白云缭绕，变幻莫测。江中轻舟数叶，徐徐缓行。彼岸数人似焦急如焚，等待渡船，整幅画面中“秋江待渡”的主题十分突出。右下方的坡岸上竹树、馆舍以及渡船，不仅起到了稳定画面的作用，而且使主题更加突出。图中笔墨精工而富有士气，设色妍丽，山石颇似刘松年画法。构图平中求险，静中寓动。

《黄海松石图》

弘仁是清代画家，他的画大多以黄山为题，《黄海松石图》就是这类作品中的代表，形成了自己刚正、平实、清醇、蕴藉的艺术风格。此画突出山之陡峭，但构图重心偏向左面，右面以两峰头与之呼应，石之凹凸处略施淡墨烘染，以加强其厚重感。虬松横出石隙，突出山之险峻。画家以“枯笔焦墨”勾

勒层岩，以浓润的细笔写树，风格冷峻劲峭，很好地表现了山石坚硬之质感，真实地描绘出黄山之美。弘仁是“新安画派”的奠基人，被后人推为“新安四家”的第一人。

《苍翠凌天图》

《苍翠凌天图》是清代初期画家髡残的代表作之一，画面以山景贯穿全图，仅留上端一小段天空。崇山层叠，古木丛生，近处茅屋数间，柴门半掩，远方山泉高挂，楼阁巍峨。山石树木用浓墨描写，干墨皴擦，又以赭色勾染，焦墨点苔，远山峰顶，以少许花青勾皴。全幅景物茂密，奥境深幽，峰峦浑厚，笔墨苍茫。这种画法比较少见。髡残非常巧妙地运用云、水、路的互相避让，解决了这种构图常见的画面景物拥挤的问题，使山体变得空旷而幽深。此图尺幅并不大，却给人以雄浑的感觉。

《黄山古松图》

《黄山古松图》是清代绘画大家吴昌硕的代表作之一。他以融入书法、篆刻技法的笔触作画，使作品更为大气磅礴。图中的山峦上长满了古松，仿佛披了一件墨绿色的松衫，呈现出一片苍翠；古松的枝条像苍龙一样弯曲，像是在欢迎缭绕在山头的白云；山涧的泉水流个不停，我们仿佛听到了泉水流动的哗哗声。左上角的题诗及印章，体现了吴昌硕绘画的一贯特色。

《五牛图》

唐代画家韩滉的《五牛图》是目前所见到的最早画在纸上的绘画作品。该图为长卷形式，画中的五头牛从左至右一字排开，各具状貌，姿态互异。一俯首吃草，一翘首前仰，一回首舐舌，一缓步前行，一在荆棵蹭痒。整幅画面除最后右侧有一小树除外，别无其他衬景，因此每头牛可独立成章。画家通过它们各自不同的面貌、姿态，表现了它们不同的性情：活泼的、沉静的、爱喧闹的、胆怯乖僻的。全图结构准确，透视关系合理。作者选择了粗壮有力、具有块面感的线条去表现牛的强健、有力、沉稳而行动迟缓。其线条不落俗套，笔力千钧。

《写生珍禽图》

《写生珍禽图》为手卷，是五代时期的画家黄筌传世的重要作品。画家

用细密的线条和浓丽的色彩描绘了大自然中的众多生灵，在尺幅不大的绢素上画了昆虫、鸟雀及龟类共 24 只，均以细劲的线条画出轮廓，然后赋以色彩。这些动物造型准确、严谨，特征鲜明。鸟雀或静立，或展翅，或滑翔，动作各异，生动活泼；昆虫有大有小，小的虽仅似豆粒，却刻画得十分精细，须爪毕现，双翅呈透明状，鲜活如生；两只乌龟是以侧上方俯视的角度进行描绘的，前后的透视关系准确精到，显示了作者娴熟的造型能力和精湛的笔墨技巧，令人赞叹不已。据说，这是画家黄筌为了教儿子认识鸟兽而精心绘制的识物课本。

《芙蓉锦鸡图》

北宋皇帝宋徽宗赵佶的作品《芙蓉锦鸡图》，画面构图均衡，疏密有致。两枝芙蓉枝繁叶茂，迎风绽放，一只锦鸡飞临于芙蓉花枝梢上，转颈回顾，翘首望着一对流连彩蝶翩翩舞飞。状物工丽，神情逼肖。锦鸡之神态、全身毛羽设色鲜丽，曲尽其妙，俱为活笔。芙蓉枝叶之俯仰偃斜，精妙入微，每一片叶均不相重，各具姿态，而轻重高下之质感耐人寻味。图下几枝菊花斜插而出，增添了构图之错综复杂感，渲染了金秋之气氛，衬托出全图位置高下，造成全图气势上贯。芙蓉斜刺向上，使观者凝神于飞舞之双蝶。用笔精娴熟练，双钩设色细致入微，空间分割自然天成。

《柳鸦芦雁图》

赵佶的花鸟画风格以工细彩墨为主，并能寓巧于拙，《柳鸦芦雁图》是他拙朴风格的代表作之一。色彩清淡，构图简练。此图共分两段，前段画一株柳树和数只白头鸦。柳树枝干用粗笔浓墨作短条皴写，笔势很壮，显得浑朴拙厚，凹凸节宽之状自然天成。柳条直线下垂，流利畅达，运笔圆润健韧而富弹性，墨色前后层次分明。停在枝上的白头鸦或靠根偎依，静观自得，或喃喃相语，使寂静的大地充满了生机。鸟身用浓墨，黝黑如漆。鸟的羽毛用墨留出白线，鸟的嘴舌用淡红色点染，头和腹部敷以白粉，周围略用淡墨烘染，把白头鸦衬托得分外突出，显得神采奕奕，很有质感。

《寒雀图》

北宋画家崔白的《寒雀图》构思着眼于一个“寒”字，画中的空白处使人

联想到隆冬的黄昏，一群麻雀在古木上安栖入寐的景象。作者在构图上把雀群分为三部分：左侧三雀，已经憩息安眠，处于静态；右侧二雀，乍来迟到，处于动态；而中间四雀，作为本幅重心，呼应上下左右，串联气脉，由动至静，使之浑然一体。鸟雀的灵动在向背、俯仰、正侧、伸缩、飞栖、宿鸣中被表现得惟妙惟肖。树干在形骨轻秀的麻雀衬托下，显得格外浑穆恬澹、苍寒野逸。此图树干的用笔落墨都很重，且烘、染、勾、皴浑然不分，造型纯以墨法，笔踪难寻。鸟类的羽翼给人毛茸茸的感觉，加上用淡色渲染，使这几只形骨轻秀的寒雀简直呼之欲出，极具神韵。

《四梅图》

南宋画家杨无咎的《四梅图》描绘的是梅花开放时的几种形态，即梅花含苞、待放、盛开和残败的变化过程。含苞：画嫩枝尚未疏张，枝头已著花蕾，预报花期将临；待放：疏展的枝干，已经有少许含苞初绽；盛开：旧枝新条上的朵朵繁花已经尽情开放，香气袭人；最后残败一段，表现残萼败蕊随风飘散，颇有美人迟暮之情。作者的墨梅一改彩染或墨晕花瓣之法，为墨笔圈线，气韵清爽不凡，韵致高远。既不同于描粉缕金的院派，又不同于逸笔草草的逸体。墨韵高华，清意逼人。一幅《四梅图》运笔寥寥，却是别出心裁，使我们如同看电影一样，不长的时间就欣赏到了梅花从结蕾到谢落的全过程。

《花鸟图》

中国元代画家钱选花鸟画中的精品。钱选(公元 1239—1299 年)字舜举，号玉潭，又号巽峰、清癯老人、习懒翁，又称川翁，湖州(今浙江吴兴)人。《花鸟图》手卷纸本，设色，纵 316.7 厘米，横 38 厘米，计三段：桃花翠鸟、牡丹、梅花。所绘形象准确，神态生动。线条细劲而圆润，笔骨挺健。每段画均有自题诗一首，末段题诗后署："至元甲午画于太湖之滨并题，习懒翁钱选舜举。"本幅钤"钱选之印"、"翰墨游戏""钱氏舜举""舜举印章""舜举"、"钱氏"等印 9 方。此卷有清弘历题，卷后有黄姬水、王登、陈汝器等题，并有耿信公、清乾隆内府等藏印多方。《石渠宝笈》著录。现藏天津市博物馆。

《画禅室随笔》

中国明代书画创作、评鉴的理论著作，董其昌著，全书四卷。董其昌(公

元 1555—1636 年)，字玄宰，号思白、香光居士，华亭(今上海松心夏江)人。

一说该书非董其昌自撰，是明末清初画家杨补辑录董其昌未收入《容台集》的零篇散帙而成书。卷一包括论用笔、评法书、跋自书、评古帖等节；卷二包括画诀、画源、题自画、评古画等节；卷三和卷四则为作者记事、评诗文等的杂言随笔。该书论书主张巧用笔墨，强调结字得势，临帖重在领会其精神，提倡“以意背临”；论画以南北宗论为中心，提倡文人画，贬抑“行家画”。对于绘画的发展，推崇自唐而宋由“工”变“畅”，批评由宋入元某些画家的由“畅”而“佻”。主张画家要读万卷书，行万里路，以生、秀、真为艺术境界之极诣。书中的一些绘画理论、技法都有独到见解，对以后的绘画发展有很大影响。他的画论对清代的“四王”画派具有极深刻的影响。

《芥子园画谱》

又称《芥子园画传》。中国画技法图谱，共三集。清代王概、王蓍、王臬兄弟应李渔之婿沈心友之请编绘，因刻于李渔在南京的别墅“芥子园”，故名。

画谱每集首列画法浅说，次摹诸家画式，末为模仿名家画谱。该书系统地介绍了中国画的基本技法，浅显明了，宜于初学者习用，所以风行于世。嘉庆年间书坊将丁皋的《写真秘诀》等画谱合刻为《芥子园画传》第四集。光绪年间巢勋又将此四集重摹增编，在上海石版印行，流传益广。康熙年间的“王概本”、光绪年间的“巢勋本”，为世人学画必修之书。

《古画品录》

南朝齐谢赫撰。谢赫，生卒不详，齐梁时人，著名宫廷派画家，擅画肖像。

《古画品录》是我国最早的画论专著，共一卷，分为两部分：序论和画品。他首先指出了绘画“明劝戒，着升沉”的作用。尤为可贵的是他从多年的绘画创作实践中，提出了精辟的“六法论”。从此，气韵生动、骨法用笔、应物象形、随类赋彩、经营位置、传移摹写就成了千百年来人们评画的准则和引导无数中国画画家探索、创新的理论指南，以至于“六法”一词，后来被引申成为中国画的代称，或理论、技法的总称。不仅如此，该书还以“六法”为准，对三国吴至南朝齐 300 年间 27 位画家分为 6 个品级，评其优劣，这也是我国

第一部系统地对画家进行品评的著作。

《唐朝名画录》

又称《唐画断》，第一部中国绘画断代史，一卷，晚唐朱景玄著。朱景玄，吴郡（今江苏苏州）人，曾官至翰林学士、太子谕德，会昌年间（公元 841—846 年）尚在。

全书大体沿用唐李嗣真的《画后品》和张怀瑾的《画断》分品列传的方式来裁定画家的等格。书中按“神、妙、能、逸”四品，著录唐代画家 124 人，除逸、品外，每品又各分上、中、下三等。书前有自序，阐述写作缘起及艺术见解。序后有目录，于每人下注明所善画科。次立小传，述画家生平事迹，评论画艺。其资料来源于唐人有关著作和作者亲自采访收集，史料大多翔实可信。对于时代较近的画家和与作者同时的画家，本书记述较多，因此在绘画史的理论上具有不可替代的价值。

《林泉高致》

又称《林泉高致集》，中国古代绘画理论史籍的重要代表，北宋郭熙及其子郭思著。郭熙，字淳夫，河阳温县（今属河南）人，熙宁年间为御画院艺学，官至翰林待诏。郭思，字得之，郭熙之子，元丰五年（公元 1082 年）进士，善杂画，尤工画马。

全书分六节，即山水训、画意、画诀、画题、画格拾遗、画记。明以后流行本缺“画记”。今存六节中的“序言”和“画格拾遗”两节为郭思所写，其余四节均为郭熙生前所述，由郭思记录整理而成。本书是我国第一部系统探讨山水画创作的专门著作。作者认为山水画要表现“意境”，山水画不是单纯自然现象的再现，强调要表现出山水远近深浅的不同和风雨明晦、四时朝暮的变幻，指出“景”“思”“情”“意”要在作品里得以体现。并且在书中对画面布局、形象塑造、笔墨技巧以及表现四季、天气变化的基本规律作了讲解。提出了山水“三远”，即“高远”、“深远”、“平远”的观察和创作方法，成为后世山水画创作取景构图的原则。作者还强调画家要注意艺术气质的锻炼和文学修养的提高，从中汲取创作经验，以丰富作品的意境。

《宣和画谱》

北宋宫廷所藏绘画作品的著录著作。北宋徽宗宣和年间内府编撰。

《宣和画谱》和《宣和书谱》是姊妹篇，作者不详，或说赵佶，或说蔡京、米芾。就书中内容和文风考察，似乎是在宋徽宗的授意和参与下，由官方组织人力，集体编写而成。

《宣和画谱》20 卷，成书于宣和庚子年（公元 1120 年）。书中共收魏晋至北宋画家 231 人，画 6396 轴。并按画科分为道释、人物、宫室、番族、鱼、山水、畜兽、花鸟、墨竹、蔬果十门。每门依叙论、画家传略、作品件数、作品名称排列。虽属著录之书，但从画科叙论和画家评传来看，已大大超出了著录的范围，具有绘画史论的性质。因此，可以说此书不但是我国第一部较系统地记载宫廷藏画品目的著录书，而且还是一部传记体的绘画通史，在中国绘画史上具有重要的地位。

第二章 印石篆刻

印章材料

印章材料，有铜、石、金、玉、木、牙、骨、砖、有机玻璃制品等。但现在作为篆刻艺术用材，还是以石质材料为主。因为石质印材，柔、脆、腻、坚适中，易于受刀，并能表现出特有的金石韵味，故明清以来多为印人所喜用，同时也促进了篆刻艺术的发展。印石由于产地很多，质地也各有差别，其中以青田、寿山石等为好，产量也较多，价廉物美，到处可买，现将有关印石概略介绍如下。

青田石产于浙江省青田县，石质细腻、温润、不硬不燥，易于镌刻。色有黄、白、青、绿、黑、灰等，其中以有冻者更为珍贵，即石质呈半透明状，如灯光冻、鱼脑冻、封门青等。一般青田石虽不如冻石佳妙，但亦可称为印材中之佳品，是学习篆刻的理想材料。

寿山石产于福建福州郊区之寿山。石质较青田石微腻，受刀不如青田石爽，但细润光洁，亦为印材中之佳品。色彩较丰富，有黄、白、红、蓝、青等。其中较珍贵的如田黄、田白、牛角冻、瓜瓤红等，为世之珍宝。

昌化石产于浙江省昌化县。色多呈褚、黑、黄、白等杂色，质地温润可刻，但略有腻涩，走刀不如青田石爽快。其中有鲜红色如同鸡血者，俗称为鸡血石，最为名贵。一般底色较燥，多砂钉与石筋，石质坚硬刀不可入。

赤峰石产于内蒙赤峰，为近年来所发现，石质与寿山、昌化石类似，尚可刻。其中有的红似鸡血，有商贾冒充鸡血石的。

其他产于浙江的尚有宁波的大松石。色灰黑，间有黑斑，石性较腻，近似寿山石。天台之宝花石，形、色如同寿山石，比较粗松、易脆。温州之平阳石，形、色近似青田石，质地不如青田石脆。萧山之红石质较粗，一般尚可作练习用。另外还有如册山掖县之莱石、福建蒲田之蒲田石、湖北之楚石、陕西之煤精石、河北之房山石、丰润石，以及各地所产之印石，只要质地软、脆、坚、腻兼备者，皆可作为练习用。

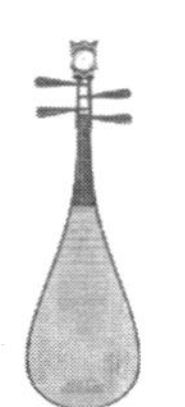

印文化

印章古称玺，是一种凭信工具，同时也是书法与雕刻相结合的一门艺术。

中国的印章艺术，兼具独特而古老之特性，在传统文化中占有一席之地。它以书法雕刻两相结合，具有实用、欣赏、收藏之价值，是贡献给人类艺术宝库的艺术珍品，是东方民族的瑰宝。从战国至秦汉，官印、私印取材以铜、玉为主，到元明文人以石刻印始，风气盛极一时，石章与书法、绘画相结合，流传至今，即谓石印时代。流光溢彩的诸多名石为中国的石印艺术开辟了一片广阔天地。随着高雅文化的普及，“中国印”——这只“旧时王谢堂前燕”，现已“飞入寻常百姓家”了。究其高雅之所在，主要有以下几点：

其一，印章：印章是中国官府和民间自古及今一向常用的物件，是悠久传统的见证，是广泛民意的见证；印章是历来用以昭信的物件，它昭示着郑重的承诺和守信。相传在四千多年前的华夏族已经用玺印了。秦始皇一统六国，规定了皇帝的印称“玺”，官吏和民间只能叫“印”。直至今日，印章仍然是官方正式文件最重要的凭证。谚语所谓“私凭文书官凭印”。中国人有着恪守承诺的高尚传统，“人无信不立”和“轻生死、重然诺”是中国人的传统理念。在历史上出现过许多舍身取信的人物。同时，印章又是一种高雅的艺术品，篆刻与中国绘画、书法一道，成为历代文人墨客喜爱和欣赏的一种艺术。《西湖游览志馀·委巷丛谈五》印章谜云：“方圆大小随人，腹里文章儒雅。有时满脸桃红，常在风前月下。”在深厚的传统文化的背景之上，印章所寄寓的恪守信用的品格和追求高雅的情趣象征了中国人的人格特征。

其二，印章的颜色：红色古代称朱或赤。中国人崇尚红色的历史非常久远。现代出土的石器时代的漆器，上面的图案多涂成红色。周朝尚红。历朝高官显贵、豪门大户的服饰、府宅照例用红色。红色成为喜庆和富贵的象征。在孔子时代，红色被看做正色，与杂色相对，用以比喻正邪。如今，红色成为代表中国的颜色。在海外举办的展会或其他会议，中国区域的装饰一般都用红色。红色印泥本来也是人们喜用的颜色。

其三，印章的字形：古今印章多以文字入印，以图像入印的肖形印早在春秋战国时代也已有之，一般表现人物舞蹈、搏击、狩猎，或刻有龙、凤、犬、

马及花草等图案，以生动简约见称。在秦始皇将小篆定为通用字体后，篆书便成了印章文字的主流。篆书字形在很大程度上保留着汉字的表意特点，汉字的这种特点后来为更加符号化的隶书和楷书字体所削弱。篆书入印也可以加以艺术化的变形，以增加它的审美价值。2008年北京奥运会会徽中的中国印的印面刻着一个变形的篆书“京”字，表示这次奥运会举办的地点——北京。而经过艺术变形处理之后，这个京字又与一个跳动的人形相似，借以寄寓运动者，切合运动会的主题，也借以寄寓舞动者，表达中国对朋友的欢迎。这个字充分展现了汉字的表意特点和艺术魅力。印面还能令人联想起中国对世界文明的一大贡献——古老的印刷术。

其四，印章的石材：玉石文化在中国源远流长，极具民族特色。中国人喜欢以玉拟人，“宁为玉碎，不为瓦全”的成语表达了坚持操守的决心和信念。和田玉是中国最早使用的玉，它产自昆仑山脉。

其五，印章的尺寸：作为信用凭证的印章，通常采用正方形，带有严肃和郑重的色彩。方正，在汉语中常用来喻指品德正直无邪。

印的产生时代

考古证明，中国陶器产生于新石器时代早期，距今有八千多年的历史，而最原始的制陶即模制法，就是在模子里置竹篮条或绳子，接着用泥涂在模子里，待半干后取出，陶坯的表面就留下清晰的篮或绳的印纹。受如此印纹的启示，先民们后来直接在陶拍上刻纹饰。陶拍原先是以拍打方式弥合泥坯裂缝的简单工具，其上雕纹饰之后，就成为我国装饰图案和中国印艺术的渊源，陶玺即由此脱胎而出。陶玺应该有两种含义。

其一指玺印的质地为陶，由黏土的混合物经成形、干燥、烧结而成。

其二指用以戳压泥陶上文字或徽记的经印。这些文字或徽记往往是器物主人或家族的名称或标记。

最早的中国印是印玺，是私有制出现以后的产物，印玺的形成与货物、与属于私有财产的奴隶密切相关。《后汉书·祭祀志》指出：“三皇无文，结绳以治，自五帝始有书契。至于三王，俗化雕文，诈伪渐兴，始有印玺以检奸萌，然犹未有金玉银铜之器也。”“三王”指夏禹、商汤、周文王。“诈伪”、“奸萌”显然是私有制出现后的诈骗、冒认、偷盗、侵夺等不正当的行为。因此，

能在器物上戳压记号，以证明物归谁主的中国印便应运而生。殷商时代的玺印就仅仅起到了这样的作用。到了西周，随着以“工商食官”为特征的商品经济（即工匠和商贾都是贵族的奴仆，他们主要为封建领土贵族的政治或生活需要而从事工商活动。）的出现，玺印跻身于符节一类行列，才有了凭信的作用。

战国古玺

古玺是先秦中国印的通称。我们现在所能看到的最早的中国印大多是战国古玺。这些古玺的许多文字，现在我们仍不能辨识。朱文古玺大都配上宽边，印文笔画细如毫发，都出于铸造。白文古玺大多加边栏，或在中间加一竖界格，文字有铸有凿。官玺的印文内容除有“司马”、“司徒”等名称外，还有各种不规则的形状，内容还刻有吉语和物图案。

秦印

秦印指的是战国末期到西汉初流行的中国印，使用的文字叫秦篆。看其书体和秦权量、秦石刻等文字极相近，所有文字较战国古文容易认识。秦印多为白文凿印，印面常有“田”字格，以正方为多，低级职官使用的官印大小约为一般正方官印的一半，呈长方形，作“日”字格，称“半通印”。私印一般也喜作长方形，此外还有圆和椭圆的形式，内容除官名、姓名、吉语外还有“敬事”、“相想得志”和“和众”等格言成语入印。

汉官印

广义地说，是汉至魏晋时期的官印的统称。印文与秦篆相比，更为整齐，结体平直方正，风格雄浑典重。西汉末手工业甚为发达，尤新莽时代（“新”为王莽的朝代名）的官印尤为精美生动，汉代的中国印艺术登峰造极，因而成为后世篆刻家学习的典范。两汉官印以白文为多，皆为铸造。只有少数军中急用和给兄弟民族的官印凿而不铸。

汉私印

汉私印即为汉代的私人用印，是古印中数量最多、形式最为丰富的一类。不仅形状各异、朱白皆备，更有朱白合为一印或加四灵等图案作为装饰的，进而有多面印、套印（子母印）、带钩印等。印文除了姓名之外，往往还加

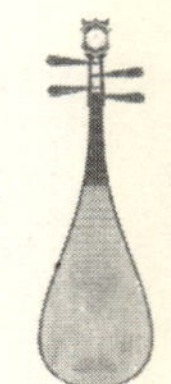

上吉语、籍贯、表字以及“之印”、“私印”、“信印”等辅助文字，钮制极为多样，充分显示了汉代工匠的巧思。两汉私印仍以白文为多，西汉以凿印为主，东汉则有铸有凿。

将军印

将军印也是汉代官印中的一种。这些中国印往往是在行军中急于临时任命，而在仓促之间以刀在印面上刻凿成的，所以又称“急就章”。将军印风格独特，天趣横生，对后世的艺术风格有很大影响。汉代的将军用印，普通都不称“印”而叫做“章”，这是军印的一大特点。

汉玉印

两汉玉印在古印中是十分珍贵稀少的一类。“佩玉”在古代也是名公贵卿和士大夫的一种高雅风尚。一般玉印制作精良、章法严谨、笔势圆转，粗看笔画平方正直，却全无板滞之意。由于玉质坚硬，不易受刀，也就产生了特殊的篆刻技法，即所谓的“平刀直下”的“切刀法”。又由于玉质的不易腐蚀受损，使传世之印得以比较好地保留了它的本来面目。

魏晋南北朝印

魏晋的官私印形式和钮制都沿袭汉代，但铸造上不及汉印精美。传世的给兄弟民族的官印，文字较多，用刀如刻如凿，书法风格表现为舒放自然，从而成为一个时期篆刻风格的代表。南北朝各国传世的不多，官印尺寸稍大，文字凿款比较草率，官印未见铸印。

朱白文印

朱白文相间的印式在汉印中很见巧思，据说起自东汉。它的方式极为多样，朱白文字的位置安排及字数均可灵活变化，不受局限。朱白的原则大致根据笔画多少而定，朱文大多笔画较少，白文则相反，从而达到朱如白、白如朱的和谐效果，这类印大多为私印，未见用于官印。

子母印

子母印又称“玺印”，起于东汉，盛行于魏晋六朝，是大小两方或三方印套合而成的。入印腹空，可以合宜地套进一方或二方小印，形成母怀子的形

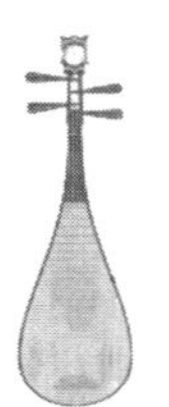

状。在一方中国印的体积中，兼备了几方印的使用价值，古代印匠的工艺水平由此可见一斑。

六面印

传世六面印实物较少。这种呈“凸”字形的中国印，上面的印鼻有孔，可以穿带而佩，鼻端作一小印，连同其余五个印面故称六面印。传世六面印的一种典型风格为带边白文，每字为一行，密上疏下，印文竖笔多引长下垂，末端尖细，犹如悬针，所以有“悬针篆”的俗名。这种风格虽然尚有笔意舒展、疏密相映的好处，但很容易流于庸俗，远不及汉印的相茂，故历来篆刻家只偶一为之。

缪篆印

缪篆印及与它相近的鸟虫书印均是汉印的“美术字”，前者屈曲回绕，后者则在此基础上加上了鱼形鸟头等装饰。这种文字最早多见于古代的兵器上或乐器的钟上，有的还依文字的笔画嵌以金丝，很有独特的风格。

鸟虫书印

只见于私印，以白文为多。

杂形玺

战国以来的中国印中，杂形玺也是甚为别致的一类。其式样没有定例，大小从数寸至数分不等，变化极为丰富，除了方圆长宽外，更有凹凸形印、方圆三角合印，二圆、三圆联珠以及三叶分展状等，朱白都有，不胜枚举。杂形玺因其独特的谐趣与官印庄严、沉着的要求不同，故只用于私印。

图案印

图画入印自战国到汉魏都有，以汉代为最多，又称肖形印或象形印。形式多样，简练生动，除了人物、鸟兽、车骑、吉羊和鱼雁等图案外，常见以吉祥的四灵入印，这类印又称为“四灵印”。

成语印

成语印自战国开始就有，使用的格言、成语达百余种。如“正行”、“敬事”、“日利”、“日入千万”、“出入大吉”等，成语字数不等，自一二字始，多达

二十字，其用途多为表示吉祥之用。

花押印

花押印又称“押字”，兴于宋，盛于元，故又称“元押”。元押多为长方形，一般上刻楷书姓氏，下刻八思巴文或花押。从实用意义上说，历代中国印大都有防奸辨伪的作用，作为个人任意书写、变化出来的“押字”（有些已不是一种文字，只作为个人专用记号），自然就更难以模仿而达到防伪的效果，因而这种押字一直沿用到明清时代。

钮制

古代的玺印大多有钮，以便在钮上穿孔系绶，系在腰带上，这就是古代的“佩印”方式。自汉代开始，以龟、驼、马等印钮来区分帝王百官。例如高级官吏使用的龟钮、驼钮、蛇钮，则是汉魏晋时授予兄弟民族等官印常见的钮制。历代钮制形式丰富，其中以坛钮、鼻钮、复斗钮为最常见。

官印

官印到了隋唐时代，印面开始加大。随着纸的普遍应用，朱文逐渐代替了白文。许多官印印背上开始有年号凿款。在文字上隋印多用小篆，并开始运用屈曲的“九叠文”入印（古代的“九”为数的终极，故有此名，并不一定要九叠，可以随笔画的繁简而变化）以便填满印面。唐宋时代开始以隶楷入印，清代官印满文、汉文两体兼用，同刻于一印之中。元明清各代农民政权留下的官印，也是值得我们珍视的革命文物。

宋元圆朱文印

魏晋以来，纸帛逐渐代替竹木简札。到了隋唐，中国印的使用已直接用印色钤盖于纸帛。到文人画全盛时期的元代，由文人篆写、印工镌刻的中国印已诗文书画合为一体，起到了鲜艳的点缀作用，为书画家所喜爱。在这个阶段，首先是宋末元初的书画家赵孟頫对篆刻艺术大力提倡，由于书法上受李阳冰篆书的影响，印文笔势流畅、圆转流丽，产生了一种风格独特的“圆朱文”的印，为后世的篆刻家所取法。

兄弟民族文字的中国印

宋以来的兄弟民族在汉民族文化的影响下，曾依据汉字书法创造了本

民族的文字，并把他们的文字仿效汉字篆体用于官印，传世也较少，所见的印文有金国（女真）书和元代八思巴文及西夏文篆书，其中有许多文字尚不认识。

今体字中国印

在汉字书法中，篆书由于具备很强的装饰性成为中国印艺术的主体至今不衰。但秦汉以后，随着书体的演变，篆书已不是其使用的唯一书体。除了唐宋的隶楷中国印和元代的押字，在魏晋时代就出现了隶楷入印的先例。清以来的篆刻家亦好尝试以今体（隶、楷、行草）入印，其中不乏佳作。由此使我们认识到，中国印艺术的体现并不限于某一书体的使用，关键在于章法、书法、刀法的高度运用能力。

福建寿山石

寿山石产自福建省福州市北郊 40 公里一个名叫“寿山”的小山村，寿山石矿脉分布在小村四周的群山溪野间。明朝以后，寿山石开始应用于印章材料。寿山石的特点是，其质洁净如玉、柔而易攻，备受篆刻家们的赏识。寿山石矿床分布于福建省福州市北郊寿山村周围群峦、溪野之间，西自旗山，东至连江县隔界，北起墩洋，南达月洋，约有十几公里方圆。寿山石属火山热液交代（充填）型叶腊石矿床，根据地质研究，距今 1.4 亿万年的侏罗纪，由于火山喷发形成火山岩（火山碎屑岩），其后，在火山喷发的间隙或喷发结束之后，伴有大量的酸性气、热液活动，交代分解围岩中的长石类矿物，将 K、Na、Ca、Mg 和 Fe 等杂质淋失，而残留下来的较稳定的 Al、Si 等元素，在一定的物理条件下，或重新结晶成矿或由岩石中溶脱出来的 Al、Si 质溶胶体，沿着周围岩石的裂隙沉淀晶化而成矿。矿石的矿物成分以叶腊石为主，其次为石英、水铝石和高岭石，少量黄铁矿。

寿山石，有“石帝”“石后”之称，彩石具有“细、结、润、腻、温、凝”之六德，其石质、石色、石形、石纹丰富多彩，晶莹滋润，储藏品种丰富，硬度为摩尔 2.5～2.7 之间，是上等雕刻彩石，有“贵石而贱玉”之说。福州先民早在四千多年前的新石器时代就已将它打磨成石珠、石镞了。目前已出土发现的寿山石雕刻品距今已有 1500 年了。南宋时，寿山石矿已规模开采。经元、明、清发展，形成了独立的寿山石雕产业。寿山石雕刻艺术品精巧绝伦、巧

夺天工。明、清时期，寿山石雕的印钮技法已达到极高的境界。明、清后期，对寿山石印章情有独钟，康熙等皇帝用寿山石制宝玺，寿山石印章成为帝王权力的象征，寿山石特别是田黄石的身价也随之倍增，有“一两田黄三两金”之说。寿山石雕刻技法丰富多彩、技艺精湛，有圆雕、印钮雕、薄意雕、镂空雕、浅浮雕、高浮雕、镶嵌雕、链雕、篆刻和微雕等。作品题材广泛，有人物、动物、山水、花鸟等，寿山石雕刻艺术广纳博采，融合了中国画和各种民间工艺的雕刻技艺与艺术精华，它的社会影响面极广，具有“上伴帝王将相，中及文人雅士，下亲庶民百姓”之艺术魅力，深受国内外鉴赏收藏家们的好评。寿山石在中国玉石传统文化中占有突出地位，其工艺品常被作为礼品赠送给外国国家元首和世界知名人士。寿山石雕刻工艺品，特别是寿山石印章更是受到世人青睐。寿山石工艺品已经成为中国玉石雕刻品中“高雅”、“精美”、“凝重”和“睿智”的象征，“以石会友”、“以石增缘”、“以石增情”成为寿山石文化艺术的一大特色。

黄宝庆、林国清在《寿山石》中写道：“寿山石的品种繁多，由其质地、颜色、形象和所产地点、矿洞等因素决定，并分为田坑石、水坑石和山坑石。田坑石亦称田石，主要品种是田黄石、田黄冻石、多裹银田石等。有人将所有田坑石统称为田黄石。田坑石无根无脉，呈自然形态，无明显棱角，沉积于一两米深的田地下层。多有外表，红格成筋，肌理有萝卜纹。质地细柔，温润若脂，以黄色最为珍贵。田黄石按产地不同可分上坂、中坂、下坂和碓下坂。”

水坑石有十几个品种，如水晶冻石、牛角冻石、鱼脑冻石等。产自寿山村东南 2 公里的坑头点山，山麓溪流发源地有一矿脉，东西走向，长期受地下水浸渍，矿石质地晶莹通透、色柔纯净，但一般块度较小。其中以水晶冻石、牛角冻石和掘性坑头石最为典型。

山坑石指山地岩石中的寿山石原生矿，呈脉状产出。由于所处地势较高，没有太多地下水浸灌，石质稍逊水坑石。山坑石分布范围广，产量也很大。由于产地的内外环境不同，品种有高山石、都成坑石、善伯洞石等，其中以仅次于田黄的加良山石中的芙蓉石最为珍贵。

浙江青田石

据夏法起的《青田石》介绍，青田石主要产于浙江山口、方山一带的封

门、旦洪、尧士等地。众多的品名又依外观颜色分为10大类，如青色的灯光冻、鱼冻、封门青，黄色的黄金耀、秋葵，棕色的酱油冻等。在100多个品类的青田石中，也有类似田黄的东西，只是叫了别的名称。当然也有叫朱砂青田的“鸡血石”。

浙江昌化石

据钱高潮的《昌化鸡血石》介绍，昌化鸡血石是按照物质成分、透明度、光泽、硬度等因素划分成冻地、软地、刚地、硬地四大类的。鸡血石的品质首先按血色的多少、形态、鲜艳程度的不同加以区分，一般以血多、色鲜、形美的为最佳，血质以深沉有厚重感、血有集结或斑布均匀更佳。血量少于10％的为一般，30％以上的为中、高档，大于50％的为珍品，70％以上者十分难得。根据鸡血石的质地和血色又可分为大红袍、玻璃冻、田黄冻、羊脂冻等。

长期以来，人们对昌化石的认识只偏重了鸡血石。其实，昌化还盛产名目繁多的无血石，仍可依据色彩、花纹、质地评价优劣。如常见的品种有：玻璃冻、田黄石、红花冻、绿昌石、鱼脑冻、鱼子冻等。

内蒙古巴林石

据朱星白等的《巴林石》所述，主要依据颜色、质地、纹理和结构，将巴林石分为鸡血石、福黄石、冻石、彩石和图案石五大类。

巴林鸡血石指含有红色辰砂的巴林石，质地多为透明、半透明，血色有鲜红、朱红、暗红、橘红等，血形呈片状、块状、条带状、星点状等。各品种均以各种“红”命名，如夕阳红、彩霞红、牡丹红、金橘红。

福黄石凡主体呈黄色且透明半透明者均属此类，还可按色调及纹理细分若干品种，如鸡油黄、密蜡黄、流沙黄等。其中金橘黄可与田黄媲美。

冻石凡透明半透明、无血又呈黄色质地的巴林石均为冻石，是巴林石品种最多的一类。按其主体特征因素命名，有水晶、芙蓉冻、羊脂冻等。

彩石凡无血非黄非冻的巴林石均为此类，最明显的特征是质地不透明而色彩丰富，因而品种命名也就丰富多彩，如红花石、黄花石、咖啡石、木纹石等。

图案石指巴林石中带有各种天然景物图案并有一定观赏价值的一类，

可凭借主题而命名。

巴林石隶属叶腊石，石质细润、通灵清亮、质地细洁、光彩灿烂、颜色妩媚温柔，似婴儿之肌肤娇嫩无比。集细、洁、润、腻、温、凝六大要素于一身，金石界素有“一寸福黄三寸金”之说。巴林石中的鸡血石有“草原瑰宝”之美誉，该石温润脆爽、软硬适中、宜于镌刻，是石中妙品，令人在玩赏之余，不禁产生丰富的遐想，感叹大自然造物的神奇。

有人称巴林极品石是集“寿山田黄”之尊、溶“昌化鸡血石”之艳、蕴“青田封门青”之雅的印坛奇葩，其评价正可为巴林石之写照。

巴林矿位于中国内蒙古自治区赤峰市的巴林右旗大板镇西北，雅玛吐山北面的大小化石山一带。巴林石与寿山石、青田石、昌化石并称为“中国四大印石”。巴林石色泽斑斓，纹理奇特，质地温润，钟灵毓秀，堪称精美绝伦。早在800多年前就已发现，并作为贡品进奉朝廷，被成吉思汗称为“天赐之石”。1978年国家轻工业部才将巴林石矿列为我国三大彩石基地之一，正式命名为中国巴林石。在“四大印石”中巴林石最为年轻。

印款

在印章背面、侧面镌刻文字，以叙述刻印的时间、原因、赠属，或刻诗词，或刻与印有关的人及事等，这些文字称为印款。印款源于隋唐，当时官印皆有印款、年记、编号和释文等简短内容，说明造印单位与造印时间。至明清时多石质印，一般多有印款，开始进入流派纷呈、风格各异的发展阶段。明何震首创单刀印文边款，被后人所尊崇。清黄易提出以石就锋的刻款方法，清代赵之谦开创阳文边款(又称阳识)，丰富了边款的艺术形式。

朱文、白文

印文上文字凸起，印章盖在纸上，呈现红色文字，称为朱文，也称阳文。反之，印面上文字凹下，盖章后，红纸上呈现白色文字，称为白文，也叫阴文。

封泥

封泥又称“泥封”，是一种作为封缄简牍并加盖印章的凭证的泥块。封泥始于春秋战国时期，秦汉魏晋时期流行，唐以后消失。最初的公文、书信多写在简牍上，为防止私拆，封发时加一检木，用绳索捆缚，在检木处系结并

封以泥块，盖上印文。封发物件时也往往用同样的办法，由于原印是阴文，钤在泥上便成了阳文，其边为泥面，所以形成四周不等的宽边。后世的篆刻家从这些珍贵的封泥拓片中得到借鉴，用以入印，从而扩大了篆刻艺术取法的范围。后来因纸张代替简牍，封泥也随之消失了。

现存古代封泥以官印最多，私印次之。目前所见最晚为唐代云南地方向中央进贡大蒜时使用的封泥。清代吴式芬、陈介祺著有《封泥考略》，是第一部封泥专著。

官印

官印指历代王朝封赐各级职官的玺印，是其职权的凭证。官职高低不同，印的材料、形制也不同。战国时官印多方形白文印、凿刻、鼻钮，有少量朱文印，印的字形、风格因国而异；秦时官印一般约 2.3 厘米，方形，多凿刻白文，有界格，或半通印；汉官印在 2.3 厘米左右，常见为方形白文，少数民族印和将军印多凿刻；东汉官印质地有金、银、铜、玉多种，多凿刻；隋唐官印传世的较少，皆体大、字迹深刻，多朱文小篆，采用焊接法将钮与印相连。北宋官印背面皆凿有年款。元官印有汉文篆书和八思巴文两种。明清时期官印一般都有年款，比较容易辨认。明时官印有“条记”、“关防”的称谓。清代印文则同用满汉两种文字。常设职官的官印为方形，临时派遣的官，官印为长方形，是为“关防”。官职低下的官，官印称“条记”“钤记”等。

私印

私印指个人所用之印章。体制比较繁杂，品类较多，按用途不同，有姓名印、吉语印、肖形印、收藏鉴赏印、斋馆别号印、起首印、署押印、压胜印等，丰富多彩，风格流派各异。

印钮

印钮印的上端突起之捉手，亦作“印纽”，又称“印鼻”，其上多有孔穴，可穿绶佩带，并有装饰作用。印钮无定制。战国官印多为朴素的鼻钮，汉官印常见龟钮、瓦钮，给各兄弟民族的官印有马钮、蛇钮、驼钮、羊钮。唐时官印一般为鼻钮。明官印主要是直柄钮。私印钮的种类更多，包括禽兽鱼虫形象，及鼻钮、桥钮、环钮、直柄钮、瓦钮等。肖形印钮多为与印面纹饰有关的

鸟兽。明清时，石印盛行，印钮多不穿绶佩带，增加了装饰性，更富观赏效果，一些圆雕、浮雕山水、花鸟、人物图景钮尤为突出。

浙派

浙派篆刻又称“西泠印派”，历史上著名篆刻流派之一。清代乾隆年间由丁敬在钱塘（今杭州）开创。

丁敬以秦汉印为宗，仿文彭、何震而变其秀雅，博采众长，推崇阳刚，以切刀为主，苍劲古拙，沉着生涩，波磔前进，有刚劲朴茂、雄健苍古之目。所谓“西泠八家”即由丁敬执其牛耳，对晚清赵之谦、黄士陵、王福庵辈具有重要影响。浙派与皖派一样，都崇尚秦汉玺印，刀法上成功地应用生涩坚挺的切刀来表现秦汉风貌，以其古朴雄健的风格有别于皖派诸家的柔美流畅，所以有“歙（皖派）阴柔而浙（派）阳刚”的评论。浙派艺术支配清代印坛达一个多世纪，影响极深远，在他们的影响之下浙江研究篆刻金石之风大盛。

徽派

徽派篆刻兴起于明代嘉靖、万历年间，以婺源县的何震及另一些篆刻名家为中心形成了一个徽州印人群体，人称“徽派”（亦称“皖派”），促成徽州篆刻的第一个高潮期。何震主张篆刻以秦、汉印为宗，以六书为准则。何震曾云：“六书不精义入神，而能驱刀如笔，吾不信也。”开创了师法汉印之风气。他们的篆刻讲究篆势，多用冲刀，善于变化。作品风格流畅自然、朴茂苍秀、刚健劲挺、化古为今，力矫印坛乖谬浅陋之时弊，对后世影响甚大。

清代康乾时期，歙县程邃是“歙四家”的领袖，他的篆刻力变文、何旧体，参合钟鼎古文，出以离奇错落的手法，自成一家面目，形成徽派篆刻第二个高潮期。程邃的白文印多取法浑朴一类的汉铸印，参以己见而出新意。印文方中寓圆、不露圭角，疏密均衡自然、苍浑凝重。朱文印则多以钟鼎款识之大篆参合小篆入印，并作较粗笔画的印文，追求苍浑、古朴、凝重的风格，清新可爱，富有笔意，当时“名冠南国”，影响了许多印人，后继者有汪肇龙等。

清晚期，黟县黄士陵以其深厚的金石学修养，摒弃几百年来印家以切刀法模仿烂铜印，追求古拙残破美的传统习惯，自立新意、自成风格，从篆刻艺术界脱颖而出，创立了“黟山派”，并影响了后来的易大厂、乔大壮、王福庵、

李尹桑，乃至齐白石等一大批书画印名家，使徽派篆刻走向了第三个高潮期。

印泥

印泥是我国特有的文房之宝，是专供图章钤印用的材料，已有一千余年的历史。印泥是传达印章艺术的媒介物，也是人们生活中不可缺少的物品。印泥初用黏土，后用水调朱砂，最后变为用油调朱砂制成。常见的印泥采用艾绒、蓖麻油及红色颜料朱砂等混合制成，好的印泥钤出的印文，色泽鲜明沉着，文字醒目清晰，历久不变。精制的八宝印泥是用珊瑚和红宝石等研成细末后调制而成，色泽可历数百年不变。

第三章　音乐表演

雅乐

顾名思义，“雅乐”的意思即“优雅的音乐”。雅乐是中国古代的宫廷音乐。雅乐的体系在西周初年制定，与法律和礼仪共同构成了贵族统治的内外支柱。以后一直是东亚乐舞文化的重要组成部分。宫廷雅乐乐谱在中国已失传，只有韩国、日本及越南尚有保存。

周武王建立周朝不久，就命周公姬旦制礼作乐，建立各种贵族生活中的礼仪和典礼音乐，使音乐为其王权统治服务。这一部分乐舞就是所谓的“雅乐”。它包含了远古图腾及巫术等宗教活动中的乐舞及祭祀音乐，也包含西周初期的民俗音乐。

乐府

乐府始于秦，绝于汉。根据《汉书·礼乐志》记载，汉武帝时，设有采集各地歌谣和整理、制定乐谱的机构，名叫“乐府”。后来，人们就把这一机构收集并制谱的诗歌称为乐府诗，或者简称乐府。到了唐代，这些诗歌的乐谱虽然早已失传，但这种形式却相沿下来，成为一种没有严格格律、近于五七言古体诗的诗歌体裁。

五声

五声也称“五音”，即我国古代五声音阶中的宫、商、角、徵、羽五个音级。五声与古代的所谓阴阳五行、五味、五色、五官、五谷等朴素的理论形式一样，是我国早期整体化的美学观，被西方人看做是整个东方音乐的基本形态。《战国策·荆轲刺秦王》：“高渐离击筑，荆轲和而歌，为变徵之声，士皆垂泪涕泣。”文中的“变徵”是角、徵二音之间接近徵音的声音，声调悲凉。

八音

中国传统器乐吹打乐的一种。原为中国历史上最早的乐器科学分类法，西周时已经将当时的乐器按制作材料，分为金（钟、镈）、石（磬）、丝（琴、

瑟)、竹(箫、篪)、匏(笙、竽)、土(埙、缶)、革(鼗、雷鼓)、木(柷、敔)八类。

八音也指民间器乐乐种。如山西五台山一带的八音会,所用乐器有管子、唢呐、海笛、笙、梅笛、箫、堂鼓、小鼓、大镲、小镲、大锣、云锣等;广西壮族的隆林八音乐队使用的乐器共有八件,它们是:横箫(笛子)一对,高胡、二胡各一把,小三弦一把,锣、鼓、钹各一副。南宁市邕宁壮族八音则主要由大唢呐、小唢呐、五孔笛、锣、鼓钹、壮族乐鼓等组成。海南地区流行的海南八音源于潮州音乐,因使用八类乐器而得名,即:弦(二胡、椰胡)、琴(月琴、扬琴、三弦)、笛(唢呐)、管(长、短喉管)、箫(横箫、直箫、洞箫)、锣、鼓、钹;彝族八音所用的乐器有二胡、环箫(无膜笛)各一对,以及牛角胡、五鍟(小锣)、鼓、钹;仡佬族八音又名八仙,所用的乐器有二胡、横箫(笛)各一对和五鍟、锣、鼓、钹。

十二律

十二律是古代乐律学名词,是古代的定音方法,即用三分损益法将一个八度分为十二个不完全相同的半音的一种律制。各律从低到高依次为:黄钟、大吕、太簇、夹种、姑洗、仲吕、蕤宾、林钟、夷则、南吕、无射、应钟。十二律又分为阴阳两类,凡属奇数的六种律称阳律,属偶数的六种律称阴律。另外,奇数各律称“律”,偶数各律称“吕”,故十二律又简称为“律吕”。

丝竹

江南丝竹是流行于江苏南部、浙江西部、上海地区的丝竹音乐的统称。因乐队主要由二胡、扬琴、琵琶、三弦、秦琴、笛、箫等丝竹类乐器组成,故名。在这些地区的城市和农村都很流行丝竹乐,但风格完全不同。城市丝竹乐风格典雅华丽,加花较多,流传很广;而农村则常用锣鼓,气氛热烈,风格简朴。

笙

芦笙是苗、侗、水、瑶、仡佬等族单簧气鸣乐器。古称卢沙。苗、侗、水语都称梗。苗语又称嘎斗、嘎杰、嘎东、嘎正等。侗语又称梗览、梗览尼、梗劳等。流行于贵州、广西、湖南、云南、四川等省区。历史悠久,形制多样,音色明亮、浑厚,富有浓郁的地方特色,民间常用于芦笙舞伴奏和芦笙乐队合奏。

经过改革，已在民族乐队中应用，可独奏、重奏或合奏，有着丰富的表现力。

筝

筝是一种长方形的多弦多柱乐器，其组成部分有面板、底板、筝头、筝边、筝尾、岳山、码子、琴钉、音孔、筝弦。它的外形近似于长箱形，中间稍微突起，底板呈平面或近似于平面。筝的头部有缓缓而落的筝脚。在木制箱体的面板上张设筝弦。

在每条弦下面安置码子，码子可以左右移动，用来调整音高和音质。筝的优劣取决于各部分材料的质地及制作工艺的高低。筝的共鸣体由面板、底板和两个筝边组成。在共鸣体内有音桥，呈拱形，它除了共鸣效果的需要外，还起着支撑的作用。共鸣体的质量和结构对筝的音响影响很大。

箜篌

箜篌是十分古老的弹弦乐器，最初称“坎侯”或“空侯”，文献中有“卧箜篌、竖箜篌、凤首箜篌”三种形制。

箜篌历史悠久、源远流长，音域宽广、音色柔美清澈，表现力强。古代除宫廷雅乐使用外，在民间也广泛流传。据考证，箜篌流传至今已有两千多年的历史了。箜篌在古代除宫廷乐队使用外，在民间也广泛流传。在中国盛唐（公元 618—907 年）时期，随着经济文化的飞速发展，箜篌演奏艺术也达到了相当高的水平，也就是在这个时期，中国古代的箜篌先后传入日本、朝鲜等邻国。在日本东良大寺的寺院中，至今还保存着两架唐代的箜篌残品。但是，这件古老的乐器从 14 世纪后期便不再流行，以致慢慢消失了，人们只能在以前的壁画和浮雕上看到一些箜篌的图样。

编钟

编钟是我国古代的一种打击乐器，用青铜铸成，它由大小不同的扁圆钟按照音调高低的次序排列起来，悬挂在一个巨大的钟架上，用丁字形的木槌和长形的棒分别敲打铜钟，能发出不同的乐音，因为每个钟的音调不同，按音谱敲打可以演奏出美妙的乐曲。

根据文献记载和出土文物，发现我国在西周时期就有了编钟，那时候的编钟一般是由大小 3 枚组合起来的。春秋末期到战国时期的编钟数目就逐

渐增多了，有9枚一组和13枚一组等。1978年，湖北随州一座战国时代的曾侯乙墓出土的编钟，是至今为止所发现的成套编钟中最引人注目的一套，这套编钟之大，足以占满一个现代音乐厅的整个舞台。

缶

缶原本是古代一种陶器，类似瓦罐，形状很像一个小缸或钵，是古代盛水或酒的器皿。圆腹，有盖，肩上有环耳，也有方形的，盛行于春秋战国。这种酒器能够成为乐器是由于人们在盛大的宴会中，喝到兴致处便一边敲打着盛满酒的酒器，一边大声吟唱，颇像现代的卡拉OK，所以缶就演化成为土类乐器中的一种。

磬

磬是古代石制的一种打击乐器。甲古文中磬字左半像悬石，右半像手执槌敲击。磬起源于某种片状石制劳动工具，其形在后来有多种变化，质地也从原始的石制进一步有了玉制、铜制的磬。

磬的历史悠久，据先秦文献《尚书·益稷》记载："戛击鸣球"，"击石拊石"。这"鸣球"与"拊石"，即是磬在远古时期的称呼。20世纪70年代在山西夏县东下冯遗址出土了一件大石磬，长0.6米，上部有一穿孔，击之声音悦耳。经测定，此磬距今约4000年，属于夏代的遗存，这是迄今发现最早的磬的实物。

拍板

拍板，中国碰奏体鸣乐器。又称檀板、绰板，简称板。用于戏曲、曲艺和器乐合奏。古时由西北传入中原。唐代用于散乐，宋代用于民间说唱、民间器乐、教坊大乐和马后乐，元代用于宫廷音乐和杂剧，明、清用于宫廷和民间音乐。现代拍板多以3块长方形紫檀、红木或黄杨木板组成。板长0.18～0.2米，宽0.04～0.06米。前两块板用丝弦缠绕，然后用布带与后面的单块木板连接。以左手执后板，撞击前两块木板发声。拍板常与板鼓合用，由鼓手兼操。拍板也流传于蒙古族和满族中。

羯鼓

羯鼓是一种出自于外夷的乐器，据说来源于羯族。羯鼓两面蒙皮，腰部

细，用公羊皮做鼓皮，因此叫羯鼓。它发出的音主要是古时十二律中阳律的第二律一度。古时，龟兹、高昌、疏勒、天竺等地的居民都使用羯鼓。

南北朝时经西域传入内地，盛行于唐开元、天宝年间。羯鼓是用山桑木围成漆桶形状，下面用床架承放，用两只鼓槌敲击。羯鼓的声音急促、激烈、响亮，尤其适用于演奏急快节奏的曲目，鼓声凌空可以传得很远，特性与其他乐器差异很大。

羯鼓的槌杖一般是用黄檀、狗骨、花椒等木材制作而成的。木料必须干燥，杜绝潮湿之气，使其柔韧而滑腻。圈鼓身漆桶时要用刚硬的铁，铁要经过精炼，圈卷时应该均匀。铁如果不刚硬，则鼓边上下不齐、松紧不一。

琵琶

被称为“民乐之王”、“弹拨乐器之王”、“弹拨乐器首座”。拨弦类弦鸣乐器。南北朝时由印度经龟兹传入内地。木制，音箱呈半梨形，张四弦，颈与面板上设用以确定音位的“相”和“品”。演奏时竖抱，左手按弦，右手五指弹奏，是可独奏、伴奏、合奏的重要民族乐器。

历史上的所谓琵琶，并不仅指具有梨形共鸣箱的曲项琵琶，而是多种弹拨乐器，形状类似、大小有别，像现在的柳琴、月琴、阮等，都可说是琵琶类乐器。其名“琵”、“琶”是根据演奏这些乐器的右手技法而来的。琵和琶原是两种弹奏手法的名称，琵是右手向前弹，琶是右手向后弹。琵琶是我国历史悠久的主要弹拨乐器。经历代演奏者的改进，至今形制已经趋于统一，成为六相二十四品的四弦琵琶。琵琶音域广阔，演奏技巧为民族器乐之首，表现力更是民乐中最为丰富的乐器。演奏时左手各指按弦于相应品位处，右手戴赛璐珞（或玳瑁）假指甲拨弦发音。

笛子

笛子是中国广为流传的吹奏乐器，因为是用天然竹材制成的，所以也称为“竹笛”。又称横笛，横吹。

笛子由一根竹管做成，里面去节，在管身上开有一个吹孔、一个膜孔、六个音孔。吹孔是笛子的第一个孔，气流由此吹入，使管内空气振动而发音。膜孔是笛子的第二个孔，专用来贴笛膜，笛膜多用芦苇膜或竹膜做成，笛膜经气流振动，便发出清脆而圆润的乐音。

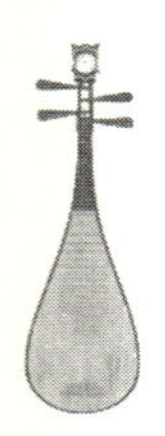

笛子虽然短小简单，但它却有七千年的历史。大约在四千五百多年前的时候，笛子由骨制改为竹制。在公元前1世纪末汉武帝时，笛子称为“横吹”，它在当时的鼓吹乐中占有相当重要的地位。从7世纪开始，笛子又有了改进，增加了膜孔，使它的表现力有了很大的发展，并且演奏技术也发展到相当高的水平。到了10世纪，随着宋词元曲的崛起，笛子成了伴奏吟词唱曲的主要乐器。在民间戏曲以及少数民族剧种的乐队里，笛子也是不可缺少的乐器。

笛子的表现力非常丰富，它既能演奏悠长、高亢的旋律，又能表现辽阔、宽广的情调，同时也可以奏出欢快华丽的舞曲和婉转优美的小调。然而，笛子的表现力不仅仅在于优美的旋律，它还能表现大自然的各种声音。比如模仿各种鸟叫等。

笛子不但演奏技巧丰富，而且它的品种也多种多样，有曲笛、梆笛、定调笛、加键笛、玉屏笛、七孔笛、十一孔笛等，并形成了风格迥异的南北两派。

中国笛子具有强烈的民族特色，发音动人、婉回。古人谓“荡涤之声”，故笛子原名为“涤”，日本至今还保留有“涤笛”，后演变为如今的笛。笛子是中国民族乐队中重要的旋律乐器，多用于独奏，也可参与合奏。笛子实际上是一类乐器的通称，如果从音高上分类，笛子一般分为曲笛（笛身较为粗长，音高较低，音色醇厚，多分布于中国南方）、梆笛（笛身较为细短，音高较高，音色清亮，多用于中国北方各戏种）和中笛（形状、发音特点介于曲笛和梆笛之间）。

洞箫

箫源于远古时期的骨哨，历史上亦称为笛，唐以后方专指竖吹之笛。原称“洞箫”，现简称“箫”，是我国古老的吹奏乐器。它历史悠久，音色圆润轻柔、幽静典雅，适于独奏和重奏。

箫笛同源，都是源于远古时期的骨哨，新石器时代开始以竹制作。在秦汉至唐，箫是指编管的排箫。

相传此种乐器原出于羌中。清代以前的箫多指排箫，在汉代的陶俑和嘉峪关魏晋墓室碑画上，已可见到吹洞箫的形象，但单管箫当时多称为“笛”。

箫在汉代时称为“篴”、“竖篴”或“羌笛”。羌笛原为古代居住在四川、甘

肃一带的羌族人民的乐器，最初只有4孔(3个音孔加管口1孔)，西汉京房(字君明，公元前77年—前37年)在后面加了一个最高音孔后，成为5孔箫。西晋乐工列和、中书监荀勖所改革的笛为6孔(前5、后1)，其形制与今天的箫已非常相似了。东晋的桓伊擅长音乐，他有一支蔡邕的柯亭笛(箫)，是江南数第一的吹箫名手，地位和声望都已很高。他曾为素不相识的王徽之吹奏过三段乐曲，在历史上被传为佳话。

魏、晋、南北朝时，箫已用于独奏、合奏，并在伴奏相和歌的乐队中使用。

唐代以前，笛箫通常不分，至唐代，出现了前面六孔、旁边一孔，加有竹膜的笛子，此时笛箫概念基本分开，横吹为笛，竖吹为箫。

清代，箫的形制与现在完全一样了。

二胡

二胡又名“胡琴”，唐代已出现，称“奚琴”，宋代称“嵇琴”。一般认为现在的胡琴由奚琴发展而来，现已成为我国独具魅力的拉弦乐器。它既适宜表现深沉、悲凄的内容，也能描写气势壮观的意境。

二胡音色优美，表现力极强，是我国民族音乐中最主要的拉弦乐器。然而直到20世纪初，二胡在人们心目中都是没有地位的。演奏二胡的人常常是一些江湖艺人和道士，阿炳就是这些人中最为杰出的民间音乐家。他创作的二胡曲《二泉映月》，是深受广大人民喜爱的作品，被誉为华人音乐中的经典。

葫芦丝

葫芦丝，又称“葫芦箫”，傣语称“筚郎叨”(“筚”为傣语吹管乐器的泛称。“郎”为直吹之意，“叨”即葫芦)，是云南少数民族乐器，主要流传于傣、彝、阿昌、德昂等民族中。葫芦丝可分为高、中、低音三种类型，常用的调为降B、C、D等调。葫芦丝发源于德宏傣族景颇族自治州梁河县，主要流行于傣、阿昌、佤、德昂和布朗等族聚居的云南德宏、临沧地区，富有浓郁的地方色彩。

这种乐器用半截小葫芦作为音箱，以三根长短不一的竹管并排插在葫芦的竹管下端，嵌有铜质筑片，中间较长的一根竹管开七孔。吹奏时口吹葫芦细端，指按中间竹管的音孔，在奏出旋律的同时，左右两根竹管同时发出固定的单音，与旋律构成和音。其音乐轻柔细腻、圆润质朴，极富表现力，深

受云南人民的喜爱，无论民间音乐，还是专业舞台，都能听到它演奏的优美声音。近年来在国内外也颇受瞩目。

八佾

佾，就是跳舞时的队列，天子八佾、诸侯六佾、大夫四佾、士二佾。每佾人数，如其佾数。另有一种说法称："每佾八人。"现在没有定论哪种说法更为准确。《论语》中，孔子说季氏："八佾舞于庭，是可忍也，孰不可忍也？"季氏身为大夫而僭用天子之乐，孔子认为是不能容忍的事。

韶武

《韶》乐，史称舜乐，为上古舜帝之乐，是一种集诗、乐、舞为一体的综合古典艺术。《韶》乐是中国宫廷音乐中等级最高、运用最久的雅乐，由它所产生的思想道德典范和文化艺术形式，一直影响着中国的古代文明，《韶》乐因而被誉为"中华第一乐章"。

《武》乐是周代的宗庙礼乐，据说是由周公创作，为歌颂周武王"以六师伐殷"的。全乐共分六个段落表演，"朱干玉戚，冕而舞《大武》"，表演了周武王以武功立国、以文德治天下的业绩。

《韶》、《武》，亦泛指高雅的古乐。《论语》里记载了孔子欣赏这两种音乐后的感受，他称《韶》是"尽美矣，又尽善也"，称《武》是"尽美矣，未尽善也"。《韶》和《武》的差别在哪里呢？一般认为《韶》乐是文乐、文舞，表现的是尧舜谦逊揖让之风；《武》乐是武乐、武舞，表现的是周武王征诛革命之事。孔子一方面希望君子能够文质彬彬，反对以武犯禁；另一方面则追求三代的禅让垂治，反对暴力革命，认为是"犯上作乱"。所以《韶》是尽善尽美，而《武》是尽美不尽善。

《韶》、《武》是中国古代文、武乐舞的最佳典范，它们确定了文、武乐舞的传统，绵延流传数千年，广泛影响了中国的音乐和舞蹈的发展。

宫调

中国传统乐学把音乐实践中音、律、声、调之间的逻辑关系概括起来以表明调性范畴的全面情况的基本理论。音乐实践中所用一定音阶（音）的各个音级（声），各相应于一定的律高标准（律），构成一定的调音体系；某一体

系中的音阶，又都具体地体现为以某“声”为主的一定调式(调)。审察其间的诸种逻辑联系，包含律高、调高、调式间各种可变因素在内的综合关系，即是宫调理论。

传统的宫调理论大致有四种系统：1. 律、声命名系统。2. 琴调系统。3. 工尺谱系统，或以弦序、孔序为标志的燕乐和民间音乐的宫调。4. 词曲音乐及南北曲声腔的宫调系统。其中第一种系统在理论上比较严密，在中国音乐史中被当做指导性的理论与技术规范。

傩

古代以乐舞驱鬼祭典的一种形式。源于巫文化，在周代的宫廷乐舞中有一定地位。后来逐渐发展成娱乐性的民间舞蹈，广泛流行于江西、广西、湖北、贵州、安徽等地。早在殷墟甲骨卜辞中就有关于傩的记录，较早记录表演情况的为《后汉书·礼乐志》：傩祭在腊日前一日举行，由 120 名 10 岁以上、12 岁以下的少年着黑衣、红头巾，手持拨浪鼓，扮作“辰子”；另有 12 人披兽皮、头戴毛角，扮作“十二神”；领队的主将称“方相氏”，头戴有 4 只眼睛的面具，披熊皮，一手执戈，一手举盾。傩祭多在夜间举行，其时，到处燃灯、放爆竹。方相领队伍，击鼓吹号，高唱驱傩歌，跳“方相舞”和“十二神舞”，以驱除假想中的恶鬼。自汉至唐，傩舞面貌无大改变。宋代以后，傩舞增加了娱乐性并逐渐向戏剧化的方面发展。傩舞对近世民间音乐、舞蹈、歌舞戏剧等均有重响，至今流行于安徽省一些地方的傩戏，即其遗风。

百戏

又称“角抵戏”，是我国古代艺术表演、竞技、杂技等多种类型活动的一种，始于先秦的“讲武之礼”，称“角抵”，两汉时改称为“百戏”。

“百戏”按其内容可分为四类，即竞技类、杂伎类、乐舞类、口技类。有关文献记载和汉墓出土文物资料可知，“百戏”的项目主要有角力(即摔凰戏)，包括徒手对抗、徒手与器械对抗、器械与器械对抗、化妆对打等内容(倒立表演)、履案(走钢索)、燕濯(前滚翻表演)、寻幢、冲狭、弄丸飞剑舞、鱼龙变幻等。

优孟衣冠

优，本义为古代表演乐舞、杂戏的艺人。宋元以后，亦泛称戏曲艺人、演

员。《史记·滑稽列传》记载，有一个叫孟的杂戏艺人常以谈笑旁敲侧击楚王。楚相孙叔敖死后，儿子很穷，孟就穿戴了孙叔敖的衣冠去见楚庄王。和孙叔敖一模一样，庄王以为孙叔敖复生，让他做宰相。孟以孙叔敖的儿子很穷为辞，趁机对楚王进行规劝，楚王因此封赏了孙叔敖的儿子。因此“优孟衣冠”还可以用来比喻假装古人或模仿他人。

花部·雅部

中国清代乾隆年间对不同戏曲剧种的代称。源于乾隆南巡时两淮盐务为接驾而准备的供奉演出，其中包括了多种戏曲剧种和戏班。为了便于管理和随时应召，当地官绅将各种戏班集中到扬州，分列为花、雅两部，原来只是对两个不同演出部门的称谓，后来就演变成了对剧种的代称。雅，即雅乐正声，代指昆山腔，即昆曲；花即杂，言其声腔花杂不纯，多为野调俗曲，故花部诸腔，又有乱弹之称谓，指京腔、秦腔、弋阳腔、梆子腔、罗罗腔、二黄调等。花雅对峙说明了清代地方戏已蓬勃发展，形成了可与昆曲媲美的局面，在客观上促进了各种戏曲声腔、剧种的相互交流与竞争。

习俗舞蹈

又可称为节庆、仪式舞蹈，是我国许多民族在婚配、丧葬、种植、收获及其他一些喜庆节日所举行的各种群众性的舞蹈活动。在这些舞蹈活动中，表现了各个民族的风俗习惯、社会风貌、文化传统和民族性格。如彝族的《喜背新娘》，维族的《刁羊》，土家族的《跳丧舞》，广东、广西、湖南、云南的《跳春牛》，朝鲜族的《农乐舞》。

宗教祭祀舞蹈

是进行宗教和祭祀活动的舞蹈形式。宗教舞蹈是对超自然、超人间的神秘力量——神灵的一种形象化的再现，使无形之神成为可以被感知的有形之身，是神秘力量的人格化。宗教舞蹈主要用以求神灵庇佑、除灾去病、逢凶化吉、人畜兴旺、五谷丰登，或是答谢神灵的恩赐。祭祀舞蹈，是祭祀先祖、神祇的一种礼仪性的舞蹈形式，过去人们用以表示对先祖的怀念或是希望先祖和神佛对自己的保佑和赐福。如民间的巫舞、师公舞、傩舞，佛教的“打鬼”，萨满教的“跳神”，满族的《腰铃舞》、《单鼓舞》，都属于这一类舞蹈。

民间舞

由广大人民群众在长期历史进程中集体创作，不断积累、发展而形成的，并在群众中广泛流传的一种舞蹈形式。它直接反映人民群众的思想感情、理想和愿望。由于各国、各民族、各地区人民的生活劳动方式、历史文化心态、风俗习惯，以及自然环境的差异，因而形成了不同的民族风格和地方特色。民间舞蹈是专业舞蹈工作者的创作基础。各国的宫廷舞和各民族的古典舞蹈与民间舞蹈都有不可分割的联系。世界上各个国家、各个民族都有各自不同风格特色的民间舞蹈。在欧洲芭蕾舞剧中的民间舞蹈，一般称做代表性舞蹈或性格舞蹈，它是经过舞蹈的专业加工，使其与芭蕾的风格相和谐、统一在一起。我国是一个历史悠久、民族众多的国家，民间舞蹈特别丰富多彩，如汉族的“秧歌”、“腰鼓”，蒙古族的“安代”，藏族的“锅庄”、“弦子”，傣族的“孔雀舞”等。

古琴和古琴曲

琴是我国最古老的弹拨乐器，具有多年的历史，被誉为琴棋书画四艺之一，在古代是地位最崇高的乐器。

古琴充满着传奇的象征色彩：

古琴一般长约3尺6寸5分，代表一年有365天；13个徽，代表一年的12个月及闰月。琴面是弧形，代表着天，琴底为平，象征地，表示天圆地方。这个乐器的构造是以天与地之间关系的观念而设计的，让人联想到传说中只有天上的神仙才能有的音乐。

在我国关于琴的漫长的发展历史，产生了严密的制琴工艺和众多的琴家。南朝梁代丘明（公元494—590年）传谱《石调幽兰》为现存最早的琴曲谱。明太祖之子朱权（公元1378—1448年）编订的《神奇秘谱》是最早的琴曲谱集。

在我国历史上，著名的琴曲有《酒狂》、《潇湘水乐》、《广陵散》、《离骚》、《梅花三弄》、《良宵引》、《秋江夜泊》、《静观吟》等，已经失传。著名的琴歌有《关山月》、《阳关三叠》等。

古代四大名琴

古琴的制作历史悠久，许多名琴都有文字可考，而且具有美妙的琴名与

神奇的传说。其中最著名的是齐桓公的“号钟”、楚庄王的“绕梁”、司马相如的“绿绮”和蔡邕的“焦尾”。这四张琴被人们誉为“四大名琴”。

“号钟”是周代的名琴。此琴音之洪亮，犹如钟声激荡，号角长鸣，令人震耳欲聋。传说古代杰出的琴家伯牙曾弹奏过“号钟”琴。后来“号钟”传到齐桓公的手中。他尤其珍爱这个琴，曾令部下敲起牛角，唱歌助乐，自己则奏“号钟”与之呼应。

琴以“绕梁”命名，足见此琴音色之特点必然是余音不断。据说“绕梁”是一位叫华元的人献给楚庄王的礼物，其制作年代不详。楚庄王自从得到“绕梁”以后，整天弹琴作乐，陶醉在琴乐之中。

“绿绮”是汉代梁王赠与著名文人司马相如的一张琴。“绿绮”琴内有铭文曰“桐梓合精”，即桐木、梓木结合的精华。相如得“绿绮”，如获珍宝。他精湛的琴艺配上“绿绮”绝妙的音色，使“绿绮”琴名噪一时。后来，“绿绮”就成了古琴的别称。

“焦尾”是东汉著名文学家、音乐家蔡邕亲手制作的一张琴。蔡邕在隐居时，曾于烈火中抢救出一段尚未烧完、声音异常的梧桐木。他用此木制成一张七弦琴，果然声音不凡。因琴尾尚留有焦痕，就取名为“焦尾”。“焦尾”以它悦耳的音色和特有的制法闻名四海。

何谓女乐

女乐是我国古代最早出现的专业舞蹈表演艺术家。早在远古时期，先民们就产生了模拟劳动动作或者动物情态，直接表现劳动生活以及自然界的原始舞蹈。但真正意义上的舞蹈表演的产生，是在人类进入阶级社会以后。

奴隶社会的进一步分工，出现了以表演歌舞供奴隶主娱乐消遣的专职舞女奴，这就是后世女乐的开端。据《吕氏春秋》记载：夏桀和殷纣这两位暴君的群舞“以巨为美，以众为观”。据夏、商奴隶制王朝存在乐舞女奴的古史籍记载，春秋战国时诸侯们享乐时，总是“女乐罗列”，国与国之以女乐相互馈赠，拥有众多的女乐成为当时日常享乐及政治生活中的重要内容。秦始皇统一六国后，会聚了音乐舞蹈艺术，以致女乐舞伎充盈宫室。汉代时，上起宫廷，下至豪门，歌舞伎乐盛行一时。

从现存的文献资料来看，当时的舞蹈内容丰富，形式多样。现今的各形式，如独舞、双人舞、三人舞、抒情舞、多段结构的大型歌舞，在汉代女乐舞中已出现。

到了隋唐，女乐的发展更达到鼎盛时期，隋炀帝大业年间，在洛阳举行大规模演出，曾集中了大量歌舞伎，制作舞衣竟把长安、洛阳的锦缎抢购一空。唐时，皇室宫廷中有宫伎、军伎，地方政府部门有官伎、官僚富伎，即便是平常士人之家也养有一些女乐舞伎。

安史之乱以后，唐王朝盛极而衰，繁盛的女乐也开始步入了曲终筵散、逐步衰落的时期。正如杜甫在《观公孙大娘舞剑器行》诗中所感叹的："梨园弟子散如烟，女乐余姿映寒日。"宋代以后，随着市民文艺的兴盛，除宫廷贵族间尚有部分女乐遗留外，女乐舞伎队伍开始分化，大多转向了瓦肆勾栏，成了职业的歌舞演员。

面具的来历

头戴模样多姿的面具，装扮成各种形象，进行一定的表演，曾一度是中国传统喜庆典礼活动中普遍流行的习俗现象。今天，逢年过节，我们还可看到戴面具活动的遗风，面具游戏仍是民间喜闻乐见的一种民俗娱乐活动。然而，趣味盎然的面具是何时产生的？它又是从何处而来的呢？

一种意见认为，面具出自于南北朝期间军人之手，为了威慑敌人而制作的。传说北齐南陵王虽为武将，却长了个小白脸，担心容貌缺少勇猛的武将风度，气度不足以威慑敌人，不得不做面具戴上。搬上舞台时，面具也就进入了戏剧之中。

上述见解，遭到了近代一些学者的质疑。他们认为，带面具的习俗很早已经出现，不过，当时不是娱乐，而是驱鬼逐疫的民俗活动。

王国维认为："面具之兴古矣，届相氏掌蒙熊皮，黄金四目，玄衣朱裳拱盾，似已为面具之始。"

相传古时候有一种叫方良的精怪，专门食人脑，特别是死人脑。这在祈求灵魂复归的古人眼中，确是十恶不赦的魔鬼。如何驱除它们呢？

人貌不足威，古人就想法把自己扮成凶狠可怕的形象，掌上套了猛兽皮，头上戴了四个眼的金属面具，身披黑色的衣服，手拿武器盾牌，俨然也是

一个恶煞，以吓唬方良这些魔鬼，使其恐惧逃匿。

可见，远在古时面具已出现在生活中，至汉代已大量用于娱乐。1936年当时的国立中央研究院在安阡发掘古物，即掘到一些铜面具、铜兜鍪古实物，也证明面具起源甚早。

木偶戏

木偶戏也叫傀儡戏。传说西周穆王时，艺人偃师带了倡优来朝见穆王，倡优能歌善舞，但解剖一看，原来是用木头和皮革制成的木偶。

木偶真正作为戏剧性的表演，大约是汉以后的事情。《通典》上说："窟磊子作偶人以戏，善歌舞，本丧家乐也，汉末始用于嘉会。"

唐代时，提线木偶的制作已很精致，唐玄宗曾作诗赞曰："刻木牵线作老翁，鸡皮鹤发与真同。"两宋时期，种类更加繁多，有仗头木偶、悬丝木偶、药发木偶、水木偶等。元、明、清以后遍及全国。

杂技

杂技是一种表演艺术，它包括口技、手技、蹬技、踩技等各种民间杂耍，以及魔术、戏法、驯兽和马戏等项目。杂技在我国起源很早，已有2000多年的历史。杂技在汉代称百戏，隋唐时叫散乐，唐宋以后为了区别于其他歌舞、杂剧，才称为杂技。

在我国古文献中，很早就有关于杂技的文字记载。《史记·李斯列传》记载过秦二世曾经在甘泉宫看角抵戏的情形。角抵戏类似于今天的摔跤表演。汉朝张衡在《西京赋》里描写了跳剑丸、走绳索、爬高竿的表演情景。

隋炀帝还曾集中很多乐工，传授技艺。杂技到了唐代又有发展，据古籍记载，唐玄宗常在兴庆宫举行宴会，会上百戏杂陈，走索、弄丸、舞剑、寻橦，无所不有。宋代的杂技不仅在城里演出，而且遍及乡村。宫内有百戏教坊，村落有百戏艺人。元朝的杂技也有一定的发展，直至清代。

口技

口技是一种传统的杂技节目。表演者运用口腔发声，逼真地模仿自然界及人类生产活动中的各种声响。口技产生的时代很早。早在远古时代，人们在狩猎活动中模仿动物之声诱捕动物。在春秋战国时代，口技有了很

大发展，甚至用于政治斗争。战国时就有孟尝君的门客在函谷关夜半学鸡鸣之事。

至宋代，口技正式成为杂技节目。这时已有“百禽鸣”或“学象声”。皇上生日，口技也成了表演技艺之一，并为之造成吉庆欢乐的气氛。南宋时，还有一个专门训练口技艺人的组织。如《都城纪胜》所载，临安有“小女童象生叫声社”，另有一种“学乡谈”，大约是专门模仿各地的方言、语音而表演。

明朝时，口技被称为“象声”，涌现出了众多的口技艺人。清代，口技表演的范围愈益广泛，涉及社会生活的各个方面，并出现了许多著名的口技表演专门人才。如“百鸟张”张昆山，表演鸟鸣，清脆宛转，几乎乱真。

新中国成立后，扩音器在口技表演中被广泛应用，大大扩展了口技的表现范围，丰富了口技的表演技巧，为口技技艺开辟了新天地。

投壶

投壶是古代杂技节目，为古代士大夫宴饮时做的一种投掷游戏。投壶要求投者站在距壶约二三米之处，将一支支箭投入细颈壶中，胜者斟酒给负者喝。

投壶在春秋战国时期较为流行。到汉晋时逐渐脱离礼仪束缚，成为一种娱乐活动，涌现出了许多投壶高手。西汉初的艺人郭舍人，能借壶底反射力把箭弹回来，再用手接住，往复连投百余发，这是“骁壶”；西晋大富豪石崇家的女艺人能隔着屏风投壶；阳州尹玉胡能闭目而投；唐代薛赉惑则能反身背投。

宋元时期，投壶仍很盛行。宋代大儒司马光根据封建礼节对投壶作了全面总结，对投壶的名称、计分规则进行了修改，写了《投壶新格》一书，竭力使投壶染上政治色彩。明清之后，投壶日趋衰落，然至清朝末年，宫中仍有流传。

角抵

“角抵”是我国古代的一种竞技类活动形式。汉代其意义扩展，泛指各种乐舞杂技。它成了“百戏”的同义词。

在东汉张衡的《西京赋》中，有汉代“角抵百戏”的记载。它包含的技艺极为广泛，有杂技、武术、幻术、滑稽表演、音乐演奏、歌舞等多种民间技艺的

串演。杂技方面，有扛鼎、寻橦（爬竿）、冲狭（过圈之类）、燕跃（跳高、跳远）、跳丸（抛木球）、走索、吞刀、吐火等；幻术方面，有画地成川、漱水成雾、易容分形等。

魏晋动乱时期，民间文艺的发展受到制约。隋统一后，百戏卓盛。唐宋时代，从宫廷到民间，百戏都很盛行。北宋开封是繁华的商业大都市，产生了艺术表演场所瓦舍。据南宋的《东京梦华录》记载，汴梁逢元宵等节日则"歌舞百戏，鳞鳞相切，乐声嘈杂十余里"，盛况空前，可见我国戏曲艺术发展之繁荣。

《高山流水》

《高山流水》为中国十大古曲之一。《高山流水》最先出自《列子·汤问》，传说先秦的琴师伯牙善鼓琴，樵夫钟子期善听音。伯牙所念，钟子期必得之。伯牙鼓琴而志在高山，钟子期曰："善哉乎鼓琴，巍巍乎若泰山。"伯牙鼓琴而志在流水，钟子期又曰："善哉乎鼓琴，洋洋乎若江河。"伯牙惊道："善哉，子之心而与吾心同。"钟子期死后，伯牙痛失知音，摔琴绝弦，终身不操，故有《高山流水》之曲。"高山流水"比喻知己或知音，也比喻乐曲高妙。

《高山流水》取材于"伯牙鼓琴遇知音"，有多种谱本。有琴曲和筝曲两种，两者同名异曲，风格完全不同。

《梅花三弄》

《梅花三弄》是中国著名十大古曲之一，又名《梅花引》、《玉妃引》，是中国传统艺术中表现梅花的佳作。

明朱权编辑的《神奇秘谱》记载，此曲最早是东晋时桓伊所奏的笛曲。后由笛曲改编为古琴曲，全曲表现了梅花洁白、傲雪凌霜的高尚品性。此曲借物咏怀，通过梅花的洁白、芬芳和耐寒等特征来歌颂具有高尚节操的人。此曲结构上采用循环再现的手法，重复整段主题三次，每次重复都采用泛音奏法，故称为"三弄"。

《阳关三叠》

唐代著名诗人王维写有《送元二使安西》诗，歌词明白如话，但又情意深长，当时便广为传唱。因首句"渭城朝雨浥轻尘"，又称为《渭城曲》。因最后

两句“劝君更进一杯酒，西出阳关无故人”，亦称《阳关曲》。后被谱为琴曲，初见于《浙音释字琴谱》(公元 1491 年)。琴曲《阳关三叠》，因将原诗重复并发展为三段而得名。

《秦王破阵乐》

《秦王破阵乐》即《秦王破阵舞》，又名《七德舞》，是唐代著名的歌舞大曲，最初乃唐初的军歌。公元 620 年，秦王李世民打败了叛军刘武周，巩固了刚建立的唐政权。于是，他的将士们遂以旧曲填入新词，为李世民唱赞歌：“受律辞元首，相将讨叛臣。咸歌《破阵乐》，共赏太平人。”“四海皇风被，千年德水清；戎衣更不著，今日告功成。”“主圣开昌历，臣忠奉大猷；君看偃革后，便是太平秋。”李世民登基后，亲自把这首乐曲编成了舞蹈，再经过宫廷艺术家的加工、整理，成了一个庞大的、富丽堂皇的大型乐舞。在原有的曲调中揉进了龟兹的音调，婉转而动听，高昂而且极富号召力。同时有大型的宫廷乐队伴奏，大鼓震天响，传声上百里，气势雄浑，感天动地。这个歌舞使百官看了都激动不已，兴奋异常。现在在表演这个舞蹈的时候，连外国的宾客都禁不住跟着手舞足蹈。

《夕阳箫鼓》

又名《浔阳琵琶》、《浔阳夜月》、《春江花月夜》，为中国古代琵琶曲代表作品之一，也是中国著名十大古曲之一。此曲最迟在 18 世纪就流传在江南一带。

这是一首著名的琵琶传统大套文曲，明清就早已流传了，该曲名最早见于清姚燮(公元 1805—1864 年)的《今乐考证》。乐谱最早见于鞠士林(1820 年前)与吴畹卿(1875 年)的手抄本，1875 年前后吴畹卿的抄本传谱为共 6 段加 1 尾声，无分段标题，其后各派传谱分段不一。在平湖派李芳园 1895 年所编的《南北派十三套大曲琵琶新谱》中，曲名叫《浔阳琵琶》，曲体有所扩展，共 10 段，其分段标题为：1. 夕阳箫鼓；2. 花蕊散回风；3. 关山临却月；4. 临水斜阳；5. 枫荻秋声；6. 巫峡千寻；7. 箫声红树里；8. 临江晚眺；9. 渔舟唱晚；10. 夕阳影里一归舟。在浦东沈浩初 1929 年所编的《养正轩琵琶谱》中，曲名叫《夕阳箫鼓》，其分段标题为：1. 回风；2. 却月；3. 临水；4. 登山；5. 啸嚷；6. 晚眺；7. 归舟。1923 年至 1925 年上海大同乐会的柳尧章、

郑觐文将此曲改为丝竹合奏曲，同时根据《琵琶记》中的“春江花朝秋月夜”更名为《春江花月夜》，至今犹用此名。

《汉宫秋月》

《汉宫秋月》为中国著名十大古曲之一，但乐曲的历史并不长。原为崇明派琵琶曲，乐曲要表达的主题不是很具体。大多认为此曲旨在表现古代受压迫宫女细腻深远、幽怨悲愁的情绪及一种无可奈何、寂寥清冷的生命意境，唤起人们对她们不幸遭遇的同情，具有很深的艺术感染力。有的文章称，此曲细致地刻画了宫女面对秋夜明月，内心无限惆怅，流露出对爱情的强烈渴望。

《阳春白雪》

《阳春白雪》是中国著名十大古曲之一、古琴十大名曲之一。相传这是春秋时期晋国的乐师师旷或齐国的刘涓子所作。现存琴谱中的《阳春》和《白雪》是两首器乐曲，《神奇秘谱》在解题中说：“《阳春》取万物知春、和风涤荡之意；《白雪》取凛然清洁、雪竹琳琅之音。”现比喻高深的、不通俗的文学艺术。

《渔樵问答》

《渔樵问答》古琴曲，曲谱最早见于《杏庄太音续谱》(明萧鸾撰于1560年)：“古今兴废有若反掌，青山绿水则固无恙。千载得失是非，尽付渔樵一话而已”。此曲反映的是一种隐逸之士对渔樵生活的向往，希望摆脱俗尘凡事的羁绊。音乐形象生动、精确。

乐曲开始，曲调悠然自得，表现出一种飘逸洒脱的格调，乐曲采用渔者和樵者对话的方式，以上升的曲调表示问句，下降的曲调表示答句，描摹出渔樵悠然对话的神情。随着主旋律的变化，并不断加入新的音调，加之滚拂技法的使用，至第七段形成高潮，刻画出隐士豪放无羁、潇洒自得的情状。其中运用泼刺和三弹的技法造成的强烈音响，应和着切分的节奏，使人感到高山巍巍、水波粼粼、樵夫咚咚的斧伐声。正如《琴学初津》中所述：“《渔樵问答》曲意深长，神情洒脱，而山之巍巍，水之洋洋，斧伐之丁丁，橹歌之欸乃，隐隐现于指下。迨至问答之段，令人有山林之想。”

此曲有一定的隐逸色彩，能引起人们对渔樵生活的向往，但此曲的内中深意侧重于“古今多少事，都付笑谈中”，及“千载得失是非，尽付渔樵一话而已”。兴亡得失这一厚重的话题，被渔父、樵子的一席对话解构于无形，这是乐曲的主旨所在。

《胡笳十八拍》

《胡笳十八拍》是古乐府琴曲歌词，一章为一拍，共18章，故有此名。据传为蔡文姬作，“拍”在突厥语中即为“首”，起“胡笳”之名，是琴音融胡笳哀声之故。反映的主题是“文姬归汉”。汉末战乱中，蔡文姬流落到南匈奴达12年之久，她身为左贤王之妻，却十分思念故乡，当曹操派人接她回中原时，她又不得不离开两个孩子，还乡的喜悦被骨肉离别之痛所淹没，心情非常矛盾。曲中表现了文姬思乡、离子的凄楚和浩然怨气。现以琴曲流传最为广泛。

唐代琴家黄庭兰以擅弹此曲著称。李颀的《听董大弹胡笳》诗中有：“蔡女昔造胡笳声，一弹一十有八拍，胡人落泪沾边草，汉使断肠对客归。”在琴曲中，文姬移情于声，借用胡笳善于表现思乡哀怨的乐声，融入古琴声调之中，表现出一种浩然的怨气。

现有传谱两种，一是明代《琴适》(1611年刊本)中与歌词搭配的琴歌，其词就是蔡文姬所作的同名叙事诗；一是清初《澄鉴堂琴谱》及其后各谱所载的独奏曲，后者在琴界流传较为广泛，尤以《王知斋琴谱》中的记谱最具代表性。

全曲共十八段，运用宫、征、羽三种调式，音乐的对比与发展层次分明，分两大层次，前十来拍主要倾述作者身在胡地时对故乡的思恋，后一层次则抒发出作者惜别稚子的隐痛与悲怨。

此曲全段都离不开一个“凄”字，被改编成管子独奏，用管子演奏时那种凄切哀婉的声音直直地透入人心，高则苍悠凄楚，低则深沉哀怨。

《广陵散》

琴谱《广陵散》，又名《广陵止息》，是古代一首大型琴曲，它是我国著名十大古曲之一。它至少在汉代已经出现。

今存《广陵散》曲谱，最早见于明代朱权编印的《神奇秘谱》(1425年)，谱中有关于“刺韩”、“冲冠”、“发怒”、“报剑”等内容的分段小标题，所以古来

琴曲家即把《广陵散》与《聂政刺韩王》看做是异名同曲。

据赵西尧等所著的《三国文化概览》描述,《广陵散》乐谱全曲共有45个乐段,分开指、小序、大序、正声、乱声、后序6个部分。正声以前主要是表现对聂政不幸命运的同情;正声之后则表现对聂政壮烈事迹的歌颂与赞扬。正声是乐曲的主体部分,着重表现了聂政从怨恨到愤慨的感情发展过程,深刻地刻画了他不畏强暴、宁死不屈的复仇意志。全曲始终贯穿着两个主题音调的交织、起伏和发展、变化。一个是见于"正声"第二段的正声主调,另一个是先出现在大序尾声的乱声主调。正声主调多在乐段开始处,突出了它的主导作用。乱声主调则多用于乐段的结束,它使各种变化了的曲调归结到一个共同的音调之中,具有标志段落、统一全曲的作用。

《广陵散》的旋律激昂、慷慨,它是我国现存古琴曲中惟一的具有戈矛杀伐战斗气氛的乐曲,直接表达了被压迫者反抗暴君的斗争精神,具有很高的思想性及艺术性。或许嵇康也正是看到了《广陵散》的这种反抗精神与战斗意志,才如此酷爱《广陵散》并对之产生如此深厚的感情。

《广陵散》在清代曾绝响一时,新中国成立后我国著名古琴家管平湖先生根据《神奇秘谱》的所载曲调进行了整理、打谱,使这首奇妙绝伦的古琴曲音乐又回到了人间。

《平沙落雁》

最早刊于明末琴谱《古音正宗》(1634年)。这一琴曲近300年最为流行,刊载谱集多达56种,有的还同时刊载不同传派多个乐谱,累计近百种之多,表明这首乐曲题材广受欢迎。乐曲通过秋高气爽、风静沙平、鸿鹄飞鸣、鹏程万里的描摹,抒发逸士的心胸远志。

该曲问世以后,深受琴家喜爱,不仅广为流传,而且经过加工发展,形成段数、定弦、调式、意境等方面不尽相同又各具特色的多种版本,是传谱最多的琴曲之一。

现在流传的多数是七段,主要的音调和音乐形象大致相同,旋律起而又伏、绵延不断、优美动听;基调静美,但静中有动。诸城派的《平沙》,增加了一段在固定音型陪衬下用模拟手法表现大雁飞鸣,此呼彼应的情景,形象鲜明生动,别具一格,描写极其深刻生动。全曲委婉流畅、隽永清新。

《十面埋伏》

《十面埋伏》是一首历史题材的大型琵琶曲，它是中国十大古曲之一。关于乐曲的创作年代迄今无一定论。资料追溯可至唐代，在白居易（公元772—846年）写过的著名长诗《琵琶行》中，可探知作者白居易曾听过有关表现激烈战斗场景的琵琶音乐。

《十面埋伏》流传甚广，是传统琵琶曲之一，又名《淮阴平楚》。本曲现存乐谱最早见于1818年由华秋萍编的《琵琶行》。乐曲描写公元前202年楚汉战争垓下决战的情景。汉军用十面埋伏的阵法击败楚军，项羽自刎于乌江，刘邦取得胜利。明末清初，《四照堂集》的“汤琵琶传”中，曾记载了琵琶演奏家汤应曾演奏《楚汉》一曲时的情景：“当其两军决战时，声动天地，屋瓦若飞坠。徐而察之，有金鼓声、剑弩声、人马声……使闻者始而奋，继而恐，涕泣无从也。其感人如此。”

《霓裳羽衣曲》

《霓裳羽衣曲》即《霓裳羽衣舞》，是唐朝大曲中的法曲精品，唐歌舞的集大成之作。直到现在，它仍无愧于音乐舞蹈史上的一颗璀璨的明珠。唐玄宗作曲，安史之乱后失传。在南唐时期，李煜和大周后将其大部分补齐，但是金陵城破时，被李煜下令烧毁了。到了南宋年间，姜夔发现商调霓裳曲的乐谱十八段。这些片断还保存在他的《白石道人歌曲》里。

此曲约成于公元718—720年间，关于它的来历，则有三种说法：

第一种是说玄宗登三乡驿，望见女儿山（传说中的仙山），触发灵感而作。

第二种说法则是根据《唐会要》记载：天宝十三年，唐玄宗以太常刻石方式，更改了一些西域传入的乐曲，此曲是根据《婆罗门曲》改编。

第三种则折中前两种说法，认为此曲前部分（散序）是玄宗望见女儿山后悠然神往，回宫后根据幻想而作；后部分（歌和破）则是他吸收河西节度使杨敬述进献的印度《婆罗门曲》的音调而成。

唐玄宗引《霓裳羽衣曲》为得意的作品，开始仅在宫廷表演，开元二十八年（公元740年），杨玉环在华清池初次进见时，玄宗曾演奏《霓裳羽衣曲》以导引。当时，大臣张说《华清宫》云：“天阙沉沉夜未央，碧云仙曲舞霓裳；一

声玉笛向空尽，月满骊山宫漏长。”《霓裳羽衣曲》在开元、天宝年间曾盛行一时，天宝之乱后，宫廷就没有再演出了。

《教坊记》

《教坊记》是记录唐代乐舞，包括艺人和歌舞情况的专著，由唐代崔令钦著。此书以记述宫廷乐舞为主，也反映了盛唐歌舞百戏及民间乐舞的面貌。书中保存有唐代 324 个曲调，记录了“大面”、“踏谣娘”、“乌夜啼”、“安公子”、“春莺啭”等歌舞的演出场景，对张四娘、吕元真、黄幡绰、庞三娘、颜大娘等当时著名艺人的表演情况也进行了描写，是研究唐代天宝之乱前教坊歌舞情况的重要典籍。

《乐府杂录》

唐段安节撰，全书共一卷，主要对唐代开元以后的音乐、歌舞、俳优、乐器等问题进行了考证。书中并录有歌舞艺人的姓名。通过此书可考知唐代音乐体制的变化，它是研究唐代后期礼乐制度、音乐、舞蹈、戏曲发展轨迹的宝贵资料，可补《教坊记》之不足。在“唐时乐制，绝无传者”的情况下，该书被《唐书》、《文献通考》、《乐府诗集》多所采纳。

第四章　雕塑艺术

石雕

亦称“石刻”。雕刻艺术之一。为我国五大雕塑传统（陶、木、石、铜、泥）的组成部分，是按材料分类之雕塑品种。古代大型石窟、摩崖、陵墓雕刻与建筑雕刻，绝大多数用石雕成，现仍保存大量的石窟。秦代的石鲸鱼是巨大的石质雕刻，玉石雕刻则多为小型。其中所用材料为大理石（汉白玉是其中之一）、青石、花岗石、砂石等。由于石的原材料得诸自然且能长期保存，故石雕成为大型纪念性与装饰性雕刻的主要艺术品种。传统石雕是以斧、锤、凿等作为工具，近代有采用甘油、火药及简单机械替代的。因石雕品种繁多，色泽纹理绚丽多彩，与天空地貌融为一体，材料质感和景物协调一致，如乐山大佛等，给人以崇高和美的享受。

木雕

雕刻艺术之一。为我国五大雕塑传统（陶、木、石、铜、泥）的组成部分，是按材料分类之雕塑品种。常用的有楠木、樟木、柏木、黄杨、龙眼木、红木、梨木、杨木、桑树根及其他果木；一般构图都以圆木周边宽度为眼，以雕刻人物、山水、花卉、翎毛、楼台亭阁、动物水禽等室内小型题材作品为主。讲究刀法和风格，以及利用木料本身自然的特点去寻找材料内在的表现力，在表面的色泽、纹理、结构等微妙的变化中相形度势，因材施艺、量形取材，加以斧凿，在艺术上有独特的趣味。我国有长期的木雕传统，如楚墓木雕及鲁班做木雕的传说就是例证，而木构古建筑的各部位装饰大量使用木雕配合，则是建筑的主要组成部分。室内的木雕也有大型的，主要用做宗教的偶像，雍和宫的巨型独木大佛及承德的粘拼木块制成的巨型观音像都是木雕名作。

骨雕

亦称“骨刻”，雕刻艺术。是按材料分类之雕刻品种之一，指在动物骨头或骨制品上雕刻的花纹或物像。因为骨质细密坚实，适于精雕细琢那些较

为精美的形象。人类祖先用粗犷的骨雕制品开创了中国的雕塑艺术。距今60～10000年前的旧石器时代晚期的周口店山顶洞遗址出土的骨针，是我国最古老的雕刻品之一。始于原始社会，是介于绘画与雕刻的一种艺术。到了新石器时代，出现形式多样的小型雕刻品，骨雕有了长足的发展，有阴纹线刻、薄浮雕纹、圆雕等多种形式的装饰物品。

1959年山东泰安大汶口出土的骨雕筒是新石器时代的骨雕工艺品。这些骨雕器皿利用动物的肢骨空腔，就材成形，或圆形或三角形，高6～8厘米。器壁有多种形式的装饰加工，或刮磨或雕刻（如剔地凸起的弦带纹、阴刻沟条等），有的穿孔镶嵌绿松石。

贝雕

用有色贝壳雕刻或镶嵌成的工艺品。早在宋元前后，我国民间就流行有螺钿镶嵌和贝帖等工艺品。品种有：各种人物、动物、花卉、挂屏等陈设品；各种文具、烟具、台灯等生活用品。色彩富丽，形状奇异，自然美观。主要产区有辽宁大连、山东青岛、广西北海、广东陆丰等地。

砖雕

一种民间雕刻工艺品。指用凿和木锤在砖上钻打出各种人物、花卉等简单图像，作为建筑上某一部位的装饰品。种类有浮雕、多层雕、堆砖等。以北京、安徽、浙江、山西、江苏等地所产较出名，风格上南方较纤细，北方较浑厚。

泥塑

亦称“彩塑”。一种传统雕塑工艺品。是在黏土里掺入少许棉花纤维，捣匀后捏制成各种人物的泥坯，经阴干，先上粉底，再施彩绘。最著名的彩塑如敦煌莫高窟的菩萨和太原晋祠的宫女，无锡的“惠山泥人”及天津的“泥人张”，各具风格。

圆雕

所谓圆雕，就是指非压缩的，可以多方位、多角度欣赏的三维立体雕塑。手法与形式也多种多样，有写实性的与装饰性的，也有具体的与抽象的、户内与户外的、架上的与大型城雕、着色的与非着色的等；雕塑内容与题材也

是丰富多彩，可以是人物，也可以是动物，甚至于静物；材质上更是多彩多姿，有石质、木质、金属、泥塑、纺织物、纸张、植物、橡胶等。

圆雕作为雕塑的造型手法之一，应用范围极广，也是老百姓最常见的一种雕塑形式。

浮雕

所谓浮雕，是指雕塑与绘画结合的产物，用压缩的办法来处理对象，靠透视等因素来表现三维空间，并只供一面或两面观看。浮雕一般是附属在另一平面上的，因此在建筑上使用更多，在用具器物上也经常可以看到。由于其压缩的特性，所占空间较小，所以是适用于多种环境的装饰。近年来，它在城市环境美化中占了越来越重要的地位。浮雕在内容、形式和材质上与圆雕一样丰富多彩。

它主要有神龛式、高浮雕、浅浮雕、线刻、镂空式等几种形式。

我国古代的石窟雕塑可归结为神龛雕塑，根据造型手法的不同，又可分为写实性、装饰性和抽象性。高浮雕是指压缩小、起伏大，接近圆雕甚至半圆雕的一种形式，这种浮雕明暗对比强烈，视觉效果突出；浅浮雕压缩大、起伏小，它既保持了一种建筑式的平面性，又具有一定的体量感和起伏感；线刻是绘画与雕塑的结合，它靠光影产生，以光代笔，甚至有一些微妙的起伏，给人一种淡雅含蓄的感觉。

透雕

去掉底板的浮雕则称透雕（镂空雕）。把所谓的浮雕的底板去掉，从而产生一种变化多端的负空间，并使负空间与正空间的轮廓线有一种相互转换的节奏。这种手法过去常用于门窗、栏杆、家具上，有的可供两面观赏。

纪念性雕塑

所谓纪念性雕塑，是以历史上或现实生活中的人或事件为主题，也可以是某种共同观念的永久纪念。用于纪念重要的人物和重大的历史事件。一般这类雕塑多在户外，也有在户内的，如毛主席纪念堂的主席像。户外的这类雕塑一般与碑体相配置，或雕塑本身就具有碑体意识。如 1990 年建成的《红军长征纪念碑》，堪称我国目前规模最大的雕塑艺术综合体。

主题性雕塑

顾名思义，它是某个特定地点、环境、建筑的主题说明，它必须与这些环境有机地结合起来，并点明主题，甚至升华主题，使观众明显地感到这一环境的特性。它可具有纪念、教育、美化、说明等意义。主题性雕塑揭示了城市建筑和建筑环境的主题。在敦煌县城有一座标志性雕塑《反弹琵琶》，它取材于敦煌壁画反弹琵琶伎乐飞天像，展示了古时“丝绸之路”特有的风采和神韵，也显示了该城市拥有世界闻名的莫高窟名胜的特色。这一类雕塑紧扣城市的环境和历史，可以体现一座城市的身世、精神、个性和追求。

雕塑

是以可塑或可雕刻的物质材料，通过不同手法制作的能表达艺术家思想、观念、情感的具有三维实体的造型艺术。按其形态，一般可分为圆雕和浮雕两大类。按用途可分为架上雕塑、纪念碑雕塑和园林雕塑。按材质可分为泥、木、石、铜、陶等。

秦汉时期是我国古代雕塑创作的成熟和繁荣时期。当时的厚葬之风日益普遍和兴盛，因而使各种形制的雕塑殉葬品的制作发展更快。这一时期，数量可观、规模宏大的当数 1974 年陕西秦始皇陵东侧的重大考古发现——秦始皇陵兵马俑。目前共发掘四个俑坑，面积达 2 万余平方米，共出土与真人、真马相仿的陶俑、陶马 7000 余件。犹如在大地下面埋藏着一支气势澎湃的地下军队。发现如此庞大、逼真、数量众多的陶俑群震惊了世界，令人惊叹不已，被称为“世界八大奇迹”之一。

这一大批兵马俑不仅显示了昔日秦国的强大与秦始皇的权威，而且让人感到古代雕塑工匠高超的智慧和非凡的雕塑水平。从全局看，尽管军队列阵是严整的、肃穆的，但所塑造的人物形象却是模制与手塑相结合，入窑烧制后再加彩绘。个体形象力求模仿真实，注重细节，如发式、服装等塑造得都很具体。尽管那个时代距我们很遥远，我们似乎仍然能真实地感受到当年秦军队的雄威。

汉代厚葬风日盛，封建统治阶级中的大小人物几乎都想把自己生前享受的东西，统统带到他们想象的死后“世界”中去享用，除了日常生活器皿外，还要把难以入墓的家奴、护卫以及仪仗队、乐舞百戏等制成陶俑随葬墓

中，供其死后使唤、娱乐享用。这些除了与封建统治者的迷信思想有关外，更重要的是体现他们对现实生活的恋恋不舍。

在封建社会里，帝王、贵族为了巩固他们的统治地位，炫耀其显赫地位而盛行厚葬。在他们的陵墓区里，耗费巨大的人力、物力，制作了大量的陵墓雕刻作品。这些作品成为中国古代雕塑艺术最重要的部分。

霍去病墓前石雕的种类和布置方式，有别于后世帝陵前的石像。石雕充分利用山石的自然形态，依石似形，稍加雕凿，求之神似，种类繁多，形象古拙，手法简练，风格浑厚。这些石雕采用线雕、圆雕和浮雕相结合的手法，以关键部位细雕、其他部位胳雕的写意方法，突出对象的神态和动感，给我们留下了一组风格粗犷古朴、气势豪放的陵墓石雕艺术珍品。其中“石刻立马”为主题雕像。石马昂首站立，长尾拖地。腹下雕有手持弓箭的人像。高大的战马气宇轩昂，四蹄踏翻凶恶的敌酋，是最具有代表性的纪念碑式的作品。其余则围绕这一主题，与坟墓所象征的环境结合起来作全面性的烘托。

南京是六朝古都，在南京及其附近地区有 32 处南朝陵墓，每个陵墓前都有石雕群。主要是麒麟、天禄、辟邪、石柱、碑等。这些雕刻形象生动、气势宏伟，有菱形的石柱和有翼的石兽，反映了中国文化与西方文化的交流，是中国古代石刻艺术的珍品。

敦煌莫高窟修建于前秦二年，在以后的 1000 多年里，人们陆续在此开凿石窟，隋唐时期达到高潮。开凿的窟室有 1000 多个，保存到现在的洞窟有 492 个，是现存世界上最伟大的佛教艺术宝库。奉先寺是龙门唐代石窟中最大的一个石窟，长宽各 30 余米。据碑文记载，此窟开凿于唐代武则天时期，历时三年。

宗教雕塑

是以宗教教义、故事、人物、传说为题材的雕塑。我国由于佛教传入较早，影响广泛，所以在宗教雕塑中以佛教造像为多，佛教雕塑艺术成就最高。

古代雕塑

在题材内容、形式风格、雕塑技法，以及所使用的材质上都具有鲜明浓郁的民族特色、时代特色。

古代雕塑题材主要是陵墓雕塑、宗教雕塑和劳动生活及民俗雕塑。

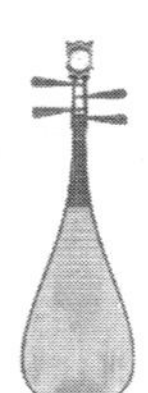

雕刻材料也丰富多彩，除了青铜、石、砖、泥、陶等材料外，还有玉雕、牙雕、木雕、竹雕等。

一般说来，为名人塑像往往选择大理石、铜、汉白玉等材料，而张大千纪念馆的张大千雕像却是青石制成。这是为什么呢？原来是张大千一生特别重亲情、乡情、友情。他晚年的一首诗中有这样两句："行遍欧西南北美，看山须看故山青"。为此，纪念馆就特别选择了具有乡土气息的、地道的内江青石作为雕像材料。

雕漆

雕漆，始于唐代，盛于明、清，到现在有1000多年的历史。据史料记载，雕漆的发祥地在四川、云南一带。元、明两代才传入北京，技艺逐渐完美成熟，成为一种具有强烈地方特色的工艺美术品。明代，北京官办特色的工艺作坊"果园厂"所生产的雕漆器就已达到很高的水平，造型庄重大方，雕刻技艺圆熟遒劲，形成了独特的风格。到了清代，雕漆又有新的发展，纹样严谨细腻，极重刻工，雍容华贵，风格与明代不同。北京雕漆与湖南湘绣、江西景德镇瓷器并驾齐驱，名扬四海，被誉为"中国工艺美术三长"。

雕漆，因工序是雕，主要原料是漆，故名。北京雕漆，是以铜、木料做胎，在胎上涂几十层，甚至几百层漆，厚达五至十八毫米。然后在漆上雕刻出山水、人物、花卉、鸟兽等花纹图案。

雕漆品种有瓶、罐、盒、盘、茶具、烟具、酒具、挂屏、围屏、墙壁画、立体鸟兽、小件首饰等。近年来，北京雕漆又朝着"工艺美术日用化"的方向发展，陆续创作出一批既有艺术价值又有实用价值的新产品，如台灯、餐盘、仪器盒、电子钟表壳、雕漆桌面、雕漆绣墩、雕漆衣箱、雕漆柜等。

甘肃雕漆

甘肃雕漆以木刻镶嵌为特色，自成体系。雕漆工艺经数十道工序，一件作品少则三五个月，多则一年以上才能完成。雕漆产品耐酸碱、抗高温，其造型优美，图案精巧，色调绚丽多彩，尤其以古朴典雅的风格受到人们的青睐。雕漆工艺有镶嵌、雕项、彩绘、平磨，曝细、描金、胎花、藏绘，印锦、脱胎、刻绘、绒金堆漆、研磨彩绘等多种，制作方法有木胎、皮胎、压胎、脱胎等。选用檀木、红木等优质木材，以青田石、寿山石、绿冻石、珊瑚、象牙、玉、螺钿等

为装饰材料，制作人物、花鸟、鱼虫、山水等图案，镶嵌在屏风、屏挂、桌椅、盘等家具、器皿和各种工艺品上。早在汉代，甘肃的武都、天水一带就成为我国雕漆产地之一。

陇中雕漆

在黄河文化的百花园里，陇中雕漆堪称一枝独具魅力的奇葩，为中华漆艺一绝。地处黄土高原中部的陇东地区，南依秦岭，北面渭水。山区森林中长有大量的漆树，其漆质地优良，品位上乘，为雕漆工艺提供了绝好的天然原料。

雕漆工艺源于民间，有着悠久的历史，早期的雕漆工艺主要用于家具油漆，只有简单的图案嵌雕于漆器上，且多为单调的黑白两色。随着社会的进步和人类鉴赏水平的提高，近年来，雕漆工艺进入突飞猛进发展的黄金时期，逐渐成熟并形成了一种独特完善的艺术风格。

雕漆工艺，做工精细、品种繁多，大到茶几、桌椅、屏风、壁挂，小到茶碗、杯垫、托盘、妆盒，均可一显雕漆风采。

自古以来，具有较高欣赏保存价值的工艺品大多为手工制作。雕漆器具的制作工序十分繁杂，且都需手工完成。

首先，选用优质松、桦、椴等木材制成器物后，再用采于当地林间的老漆（即生漆）厚厚涂于器物表面，干后打磨光滑，此时，漆色黑亮照人，漆膜光彩饱满。然后，用选自各地的天然彩石及珍贵的玛瑙、象牙、玉石、珊瑚等雕刻成仕女人物、花草鱼虫、山石林木。其刻技严密精湛，有时一个人物或一朵花需分别刻制成几十个组件。随后，经精心拼配镶嵌于漆面之上。到此，才算功告大半。再经边框描金，彩绘背景图案，细微之处修刻，一件完美的雕漆艺术品便全部完工。制作程序环环紧扣，稍有不慎，便会前功尽弃。因此，每一件工艺品都浸透和饱含着雕漆艺人的心血和智慧。雕漆工艺品具有极高的实用和艺术欣赏价值，漆面耐磨耐蚀，不易褪色，且不怕烧烫；同时，又是一件艺术佳品，山水人物，栩栩如生，典雅庄重，富丽堂皇。件件五光十色，风姿独具，置于室内，异彩纷呈，满屋生辉，如一幅定格的立体风光图画，让人百看不厌。

战国刻花石板

战国刻花石板中的珍品于 1974—1978 年在河北平山中山国墓葬出土。

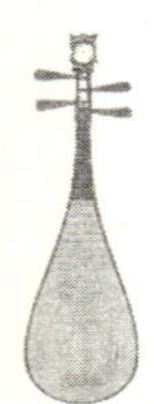

长 45 厘米、宽 40.2 厘米，由许多小石板拼连而成，四角有钉孔；边缘装饰一周涡纹，内刻有勾连蟠曲的虺纹、兽纹和兽面纹等，和同时代的青铜器纹饰具有同一的作风。

南朝陵墓石刻

宋、齐、梁、陈四朝帝王陵墓前的石刻。江苏南京附近（包括江宁、句容、丹阳三县）有许多帝后王侯陵墓，目前仅见南朝陵墓前地面上有石刻 31 处。属于帝王的 12 处，王侯的 19 处。石刻体制巨大，造型优美，雕琢精致，是当时南方石雕艺术的代表作。石刻内容有石兽、石柱和石碑。帝后和王侯墓前所列石刻略有差别。帝后墓前石兽均带角，有双角和单角之分，称天禄（鹿）或麒麟；王侯墓的无角，称辟邪。二者均有翼，应属神兽。石柱，亦称神道石柱，又称标或碣，或称华表和表。柱首为圆盖或莲花座式，其上立一辟邪状小兽；中为圆柱身，刻瓜棱直线形条文，柱身上部嵌一方形小神道碑，上书墓主人某某之神道，其下方石上刻怪兽，柱础分两层，上层刻有翼怪兽，口内含珠，下层为一方石，四面有浮雕，多为动物形象。石碑碑首为圆形，左右双龙交缠，环缀于碑脊，碑身除刻写文字外，侧面均刻纹饰，分为 8 格。碑座为一龟趺。

南朝宋代陵墓石刻

现仅存武帝刘裕陵和文帝刘义隆陵的石兽，前者兽身平整，装饰简朴，属早期代表；后者兽身已趋窈窕，装饰华丽。雕刻技巧随体型而异，平整简朴者用方刀法，繁复者用圆刀法，较汉代简便粗放的石雕大有进步。

南朝齐代陵墓石刻

齐代陵墓均在江苏丹阳。东晋时丹阳为南兰陵，是齐开国皇帝萧道成和萧衍的桑梓本乡。在丹阳发掘的一座大型模印拼嵌画像砖墓可能是齐景帝萧道生的修安陵。陵前石麒麟完整无缺，是南朝石兽的代表作品，齐武帝景安陵的石麒麟也保存完好。

南朝梁代陵墓石刻

除帝后陵在丹阳外，王侯墓均在南京江宁和句容，陵前的石兽为辟邪，装饰朴实，变化较小，但雕刻浑厚有力，别具风格。南康简王萧绩墓前的辟邪最为完整而生动。石柱以吴平忠侯萧景墓的最完整，其顶盖有莲花座，柱

身有瓜棱形纹饰。石柱上的神道碑正书反刻“梁故侍中中抚将军开府仪同三司吴平忠侯萧公之神道”等字。安成康王萧秀墓前有石碑4座。忠武王萧儋墓前的石碑，额书“梁故侍中司徒骠骑将军始兴忠武王之碑”，是典型的南朝楷书。靖惠王萧宏墓碑侧面浮雕的纹饰最为精美独特，堪称艺术精品。

萧景墓石刻

在南京东郊太平村。萧景，字子昭，是萧崇之子、梁武帝的堂弟，官至侍中、中抚军将军、开府仪同三司、吴平忠侯。墓前存有石兽二，神道石柱一。此柱为南京地区保存得最完整、最有代表性的南朝石柱。石柱全高6.5米、柱身高4.2米、座高0.98米、盖高0.51米，柱盖小兽高0.81米、长0.84米。柱额书有“梁故侍中中抚将军开府仪同三司吴平忠侯萧公之神道”。额右侧雕缠枝和披衣袒肩、赤腿执花光头僧像。柱盖呈仰莲式。柱身有瓜棱纹20道，上端装饰双螭，柱下为双螭石座。此石柱造型美观，雕刻精巧，额文笔画秀健，是华表石刻中的精品。西石兽已损，东石兽无角，顶有凹道达于背上。头部鬣毛耸起，长舌垂胸，舌尖上卷，须下拂，身上茸毛卷曲，尾拖及地，两兽面部雕刻生动传神。膊部刻勾云纹，衬以羽翅纹，十分精美，为南朝石兽雕刻中的精巧之作。

萧绩墓石刻

在句容县石狮乡石狮子村。萧绩为梁武帝第四子，卒于大通三年(529年)，赠侍中、中军将军、开府仪同三司。萧绩死时，梁正处在兴盛时期，故墓的规模和石刻都十分宏大。现存石兽和神道石柱各二。石兽东西相对而立，躯身高大，肥壮健美。环眼巨口，舌垂胸际，顶背及前胸刻饰浑圆凹沟，双翼刻鳞纹、羽翅纹，尾向内钩卷，足五爪，呈迈步行走状。神道石柱在石兽北，比较完整。顶、柱、座三段，共高6.50米。柱础上圆下方，刻二螭衔珠图案。上立刻24道瓜棱形的神道石柱(高4.30米)。瓜棱尽处刻龙头图案。再上为额，刻楷书“梁故侍中中军将军开府仪同三司南康简王之神道”。石额上为柱顶，亦刻瓜棱形纹，再上圆盖，刻莲花瓣，圆盖上为一小石兽。萧绩墓刻造型精巧，保存较完好，是我国南朝陵墓石刻中体型最大的石刻之一。

萧秀墓石刻

在南京甘家巷小学内。萧秀为梁文帝第七子，封散骑常侍、司空、安成

郡王。萧秀墓石刻，为南朝墓石刻中遗存最为丰富、规模最为完整的一处。现存石兽二，东西相对，躯体极大，无角，张口垂舌，颈粗短，浮雕双翼如鸟翅，顶及脊有凹沟，遍体刻毛饰纹，雕刻技法娴熟、精湛。神道碑三，二立一残倒，东碑全高 5.16 米。碑侧原有浮雕五块，现已模糊不清。西碑全高 5.12 米，剥蚀更为严重，碑阴文字难认，有树碑官吏的姓名。石碑座二，残碑三。萧秀墓已于 1974 年发掘，其石刻作为南京南朝石刻的代表，得到了妥善修整和保护。

画像砖

古代建筑物或墓室壁面上的图像砖，是建筑结构的一部分，又是一种室内装饰画。战国已有生产，秦代有所发展，两汉为盛期，以后渐减少。表现形式为阳刻线条、阳刻平面、浅浮雕等相结合；一般用木模压制，亦有直接刻在砖上，有的施加彩色。有方形和长方形等几种，多数每砖为一幅画面，亦有上下分两个画面的。内容有割禾、制盐、采莲、弋射，以及饮宴、歌舞、百戏、车马出巡、神仙故事等。构图富于变化，造型简练生动。画像砖大都发现于四川的东汉墓中。河南和长江中下游地区的南朝墓中也有发现，但多用小砖拼成一个画面，内容多人物和装饰图案等。后代园林建筑等也用画像砖，大都是浮雕和圆雕的结合。

砖雕

一种民间雕刻工艺美术品。用凿和木锤在水磨青砖上钻打雕琢出各种人物、花卉、风景、动物、书法等图案，作为建筑物上某一部位的装饰品。种类有浮雕、多层雕和堆砖等，以北京、安徽、江苏、浙江、广东和天津等地所产较著名。风格上南方较纤细秀丽，北方较浑厚豪放。

秦代龙纹砖

秦代砖雕珍品。1974、1975 年，陕西咸阳秦都第一号宫殿遗址出土。砖面为龙纹，龙做蟠曲状，矫健有力，刻画细致、姿态生动，中间刻有圆形壁。砖残长 100 厘米、宽 38 厘米、高 16.5 厘米。

秦代凤纹砖

秦代砖雕珍品。1974、1975 年，陕西咸阳秦都一号宫殿遗址出土。砖

面为凤纹，有立凤、卷凤和水神骑凤三种。凤昂首衔珠，刻画细密、神态生动。砖残，未见完整的。

汉画像砖墓

东汉时期以嵌入墓壁上的画像砖为装饰的墓葬，集中分布在四川省成都平原地区，其他地区也偶有发现。墓主大都是当地豪强。早在清末，这种汉画像砖已为收藏家所著录，由于都是非发掘品，对其在墓中的位置及准确含义并不清楚。新中国成立后，通过对成都、新繁、新都等地画像砖墓的发掘，搞清了墓中整组画像砖内容的相互关系，同当地的画像石墓相比，虽比较简略，但基本相似。这种画像砖是研究当时四川地区社会面貌和雕塑艺术的重要资料。

弋射收获画像砖

东汉砖刻珍品。四川成都扬子山汉墓出土。长 45.8 厘米、高 40 厘米、厚 5.2 厘米。砖刻分上下两层，上为弋射，下为收获。弋射描写的是射猎场面，荷塘深处一群野鸭惊飞而起，隐藏树下的两猎手张弓欲射，情景紧张真切。收获描绘的是农家收割的景象，田间两人手持长镰在刈禾杆，三人俯身在割禾穗，一人肩挑禾穗、手提一篮，刻画生动。弋射收获画像砖，具有浓厚的生活气息，歌颂了劳动。

汉代小车画像砖

汉代画像砖珍品。长 46.5 厘米、高 38.2 厘米、厚 5.4 厘米。四川成都扬子山二号墓出土。画面为一轻巧灵便的圆顶复篷车，驾一马，奔驰前进。车中坐二人，后坐者为妇人，手执扇，居前者为御车人；车的右侧，前有一人执矛当先，后有一婢紧跟车后，随车护卫前进。运线流畅，布局优美，质朴有力，生动传神。

汉代骑吹画像砖

汉代画像砖珍品。四川成都站东乡青杠坡三号墓出土。长 46.7 厘米、高 38.5 厘米、厚 50.3 厘米。画面描写车马出行时马上的乐队，名“骑吹”，又叫“鼓吹”。两排六人，并辔而前，首排居左的人手持“旄头”，是领队，其他人手持各种乐器在演奏。刻画极为生动传神，描写的马好似随着音乐悠扬

缓慢的节拍在行进，节奏鲜明、简练有力，为汉画像中的佳作。同样内容的汉代骑吹画像砖，成都扬子山亦出土有两块，而以青杠坡出土的雕刻最为精美。

汉代丸剑宴舞画像砖

汉代画像砖珍品。四川成都扬子山二号墓出土。长 46.4 厘米、高 40 厘米、厚 5.3 厘米。画面偏左置大小两鼎，杯盘撤尽，当已宴罢进行歌舞。右上方一人弄丸，七弹齐飞，一人舞剑，并用肘弄瓶。右下方一高髻细腰伎女，拂长袖而舞，夭矫凌空；一人摇鼗鼓相和伴舞。以上四人脚拖木屐，似今日拖鞋。左下方工人坐一席，齐吹排箫。左上方席上一男子展长袖，势将起舞；一高髻女子在吹排箫伴奏。构图紧凑，气氛热闹、活泼、轻松，形象优美生动，线条流畅，刻画极为成功。汉代表现宴乐百戏的画像出土较多，都描写得十分精美传神。

汉代斧车画像砖

汉代画像砖珍品。四川成都站东乡青杠坡三号墓出土。长 46 厘米、高 39.1 厘米、厚 5 厘米。画面为一马拖乘的兵车，不巾不盖，车上树立一柄大城斧，加上饰采，非常威武。左右各坐一人，并有二柄棨戟，斜出车厢之后。车侧有两面迎风招展的大旗，由两个导从负之以趋。《后汉书·舆服志》载：食禄一千石的县令（月俸八十斛）以上，始加导斧车，官阶到了属国都尉，比（是比照的意思）二千石（月俸一百斛），郡太守、州刺史，皆二千石（月俸一百二十斛），郡加导斧车。这是当时官吏出行摆出气象森严的一种架子。画面主题突出，形象生动，简朴有力，具有气势。

竹林七贤画像砖

南朝砖刻珍品。共计出土三套，1959 年南京江宁西善桥出土一套，1968 年江苏丹阳胡桥吴家村和丹阳建山金家村各出一套，内容、形式大体相同。人物刻画极为生动传神，突出地表现了每个“贤人”的性格、气质。动态、神情都符合史籍记载。例如善弹琴的稽康、嗜酒的山涛、喜弄如意的王戎、闭目沉思的向秀和挽袖拨阮的阮咸等，都放荡于竹林丛树之间，较深刻地表现了当时没落士大夫崇虚无、尚清谈、悲观、放达的一种思想感情。画

面具有浓郁的装饰风，运线纤细有力，具有很高的艺术和历史价值。技法和风格与流传至今的晋代绘画摹本非常相似，有学者推测是顾恺之或戴逵等名家的画本。

唐代载物骆驼画像砖

唐代砖雕珍品。甘肃敦煌佛爷庙唐墓出土。上一人，手牵骆驼，骆驼昂首扬尾，背负重物，刻画逼真，形神兼备。形象地表现了当时运货商队跋涉在“丝绸之路”的生动情景。为唐代砖刻的代表作品。

花砖

表面有花纹的砖。唐时内阁北厅前阶有花砖道，冬季日至五砖，为学士入值之候。唐李肇《国史补》下：“御史故事，大朝会则监察押班，……。紫宸最近，用六品，殿中得立五花砖。”唐白居易《长庆集》十九《待漏入阁书事奉赠元九学士阁老》诗：“衙排宣政仗，门启紫宸关。彩笔停书命，花砖趁立班。”陕西西安、甘肃敦煌莫高窟都出土有各种精美的唐、宋花砖。

说唱俑

每当人们看到这个说唱俑陶塑，都会忍不住要从心里笑出来。这么快乐的富有感染力的形象在中国的雕塑史上真的太罕见了。我们常常见到的是严肃厚重的秦俑和秀美端庄的佛像，他们都保持着静穆节制的姿态，不苟言笑，让人感到震撼或崇敬。而这个小陶俑却是另一番模样。他赤着上身，鼓鼓的肚子向外凸出，左手环抱着一个鼓，右手高高地举着鼓槌。下身穿着长裤，却赤着大脚板，左腿蜷曲在卧榻上，右脚向外踢出，真是手舞足蹈、乐不可支。脸上的表情更是让人忍俊不禁。他咧开大嘴露着牙齿大笑。这个说唱俑的笑容是雕塑史上最不加掩饰最纯真可爱的那种笑。

这个小陶俑通高约 54 厘米，1957 年出土于四川省成都市附近的几座墓葬中。年代大约是公元 184—220 年，属于东汉晚期的作品。这些汉墓中出土的雕塑是汉代人物雕塑中的精品。从这个小说唱俑的身上人们可见一斑。

在这尊陶俑中，作者加入了一些夸张和变形，同当时的大型雕塑相同，对细节部分不加雕琢，但神气透出、活灵活现，富有感染力。

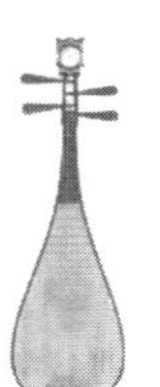

东汉时的人一般是不在塑像上留名的，但从这尊说唱俑中，我们却能感觉到这些生活在东汉的中国人，他们天真率直，对自身的快乐和幽默毫不掩饰，充满着活泼的天性。

昭陵六骏

“昭陵六骏”是1360年前列置在陕西省礼泉县唐太宗李世民昭陵北祭坛内东、西庑房中的六块石刻浮雕作品，每件长宽高为205×172×28厘米，重约2.5吨，每边各三件，从南往北，西庑房内为飒露紫、拳毛䯄、白蹄乌；东庑房为特勒骠、青骓、什伐赤。它们是以李世民在公元618年至622年5年间南征北战、统一天下时骑乘过最后壮烈牺牲的六匹战马为蓝本，根据唐太宗的意图创作设计出来的。

昭陵六骏以杰出的艺术风范和动人的情感魅力，以悲壮的色彩和富于启迪性的英雄史诗，寄托了半生戎马的帝王对与自己唇齿相依、壮烈牺牲的六匹骏马的生死之情，但更多的是对大唐创业艰难的深深感叹，一扫以往穷奢极欲、无聊空洞的丧葬模式，并给予子孙后代以“勿忘创业艰难”的肺腑告诫，具有积极、达观的豪迈情绪和精神感召力。

这组珍贵的浮雕在20世纪初便被美国人盯上了，那时候六骏散落在山坡荒草之间，无人管理。于是在1914年，美国人把“飒露紫”“拳毛”凿成了碎块，盗运到了美国，现在藏在美国宾夕法尼亚大学博物馆。剩下的四件浮雕，在1917年时遭到同样的命运，被外国的文物走私者凿成了碎块，但在准备盗运时被闻讯而来的中国人截获了。它们现在藏于陕西省博物馆内。

卢舍那大佛

龙门唐代石窟中，奉先寺大像龛是最具代表性的作品。凡是到过龙门的人，都会被卢舍那大佛的博大壮美所震撼。奉先寺位于西山南部半山腰间，后代称九间房。奉先寺在开窟造像时，别具匠心、一反常规，不采取全部开凿洞窟的方式，而是依山就势在露天的崖壁上雕造佛像，烘托出一种浑然天成的浩然大气。摩崖像龛南北宽36米，东西进深40.70米，为一巨型露天窟龛。

大卢舍那是龙门石窟最为壮丽的一尊石雕像，它典雅安详地坐在八角束腰涩式莲座上，其明丽秀雅、雍容高贵的气势，把大唐艺术推向了极致。

大卢舍那石雕像通高17.14米，头高4米，耳长1.9米。梵语“卢舍那佛”

即光明普照、光辉普遍之意，是源自古代日神崇拜的太阳神信仰而来。1500年来，大佛仅双手及腿部以下因早年地质层的裂隙结构及气温变化因素而塌毁，其余仍基本保存完好。虽然如今人们已经无法真切地看到当初大佛被粉饰一新、受人顶礼膜拜的情景，但是仍可以推想出当初皇家贵族在此举行隆重祭礼的场面。无疑，这里的一切所表现的是大唐盛世的伟大和繁荣。

佛像大耳垂肩，头上是螺旋状的发髻，身穿通肩式长袍，长袍上水波状的衣纹清晰可见，衣服紧紧地贴着佛像的身体，好像刚从水中走出来一样。由于考虑到观看者仰视佛像时会产生错觉，于是大佛和其他佛像都被制成头部大、身躯较小的形状，虽然平视时觉得比例不当，但是当站在下方仰视佛像时，这种感觉就消失了，感受到的只是卢舍那大佛和他的弟子及菩萨们端庄静穆的美。

晋祠圣母殿彩塑

中国宋代祠庙彩绘泥塑。晋祠位于山西省太原市西南25公里的悬瓮山麓，是一座历史悠久的古建筑园林，其中有唐、宋、金及明各代遗存的文物。圣母殿位于晋祠西端，创建于北宋天圣（1023—1031年）年间，是为祭祀西周武王后、唐叔虞之母邑姜所建。殿内尚存43尊彩绘塑像，除圣母像两侧小像是后补者外，其余都是宋初原塑。正中帐内为圣母坐像，圣母坐木制方座，头戴凤冠，面部静谧慈祥，双腿盘坐，双手隐于袖中，一置胸前，一置腿上，蟒袍自两膝向下沿方座垂下，整个塑像呈稳定的三角形，形态显得特别端庄。

泥塑虽经后世装銮，但塑造手法仍清晰可见。丰满的面庞、眉宇间细微的起伏都显露出少女的妩媚。随年龄的长幼，各有不同的性格气质和风度，他们有的持巾俯首，有的持物而立，细致的身姿、动态的处理，使众多人物富有生气，体现了宋代雕塑注重人物的真实描写的特点。衣纹的塑造也体现出雕塑家高超的技艺。圣母衣着绸缎，质地柔软，袍服随着人体、坐垫、木座，有节奏有变化地层层垂下。侍女长裙衣纹多作程式化的表现，但帔巾、正面下垂的绶带以及所系不同形状的玉佩，不仅表现出不同的身份，更增加了造型上的变化。圣母殿彩塑表现了雕塑家处理群像泥塑所作的苦心经营。

魏晋南北朝陵墓雕塑

曹魏时期，由于墓葬推崇简易，所以在这一时期的陵墓未有雕像被发现。南北朝时期，墓前雕像有所恢复，一般都在墓前设置一对或多对石兽。这种想象中的“神兽”，有的似狮虎却有翼，被称为“避邪”。辟邪是传说中能避除邪祟的一种神兽。这种石雕一般都比较庞大，姿态宏伟、气宇轩昂，整体感较强，有比较浓厚的汉代遗风。现存遗迹多为南北朝时作品。

魏晋南北朝单体佛教雕塑

两晋南北朝时期佛教盛行各处大兴土木，广建佛寺，佛像和与之相关的造像被大量制造。单体佛教雕塑都带有“背光”，一为装饰、二为其坚固。背光的反面，也以浮雕的形式刻出佛经故事。陕西博物馆收藏有多件北魏时期作品，山东博物馆、首都博物馆以及山西、河北等地也都有保存比较完好的单件佛像。此外，为了供养方便、易于携带，当时还生产了大量的小型鎏金铜像，制作精美，雕刻细腻，不亚于大型雕塑的气魄。魏晋南北朝石窟寺院雕塑以北方地区为主，由丝绸之路传入内地。甘肃的敦煌石窟、炳灵寺石窟、新疆拜城克孜尔石窟等，都有明确的年号题记。一路开凿的还有甘肃天水麦积山石窟、张掖马蹄寺石窟、宁夏固原须弥山石窟、山西大同云岗石窟、河南洛阳龙门石窟、河北邯郸南北响堂山石窟、江苏南京栖霞山石窟等。这些石窟在发展中不断增加新的雕塑作品，历代都对石窟进行重修、扩建、新增和补充。

石窟艺术在中国雕塑中很有代表性，由于雕塑形象和题材大都为宗教题材，雕塑形象具有神化倾向和夸张的特征。宗教使雕塑艺术的题材单一化，但宗教精神的内在动力却也促进了大量精品的诞生。印度佛像属“犍陀罗式”，有希腊末期艺术和波斯艺术的影子，其特点是造型比较纤美，衣纹皱褶紧贴身体。传入我国以后，即被中国雕塑家所融会贯通，形成独特的中国佛像风格，使这种泊来艺术逐步具备了民族化特征。秦汉是中国雕塑不断发展的时期。秦始皇吞并六国以后，建立秦王朝，统一货币、文字和度量衡，并推行郡县制和一系列有利于中央集权的政治、经济政策，使中国成为历史上第一个真正统一的国家。汉承秦制，又注意吸取秦王朝的经验教训，前后维持了400年，建立起一个强大的帝国。先秦青铜时代结束后，秦代雕塑的

题材更加贴近生活，从功能上看，也逐步走向独立。秦代承袭了春秋战国的朴实，作品趋于写实。汉朝则多承楚风，更多具有浪漫、夸张的成分。在这一时期，边远地区少数民族的雕塑也占有突出地位，其内容、形式与中原地区差异分明，极具地方民族特色。

秦汉陵墓雕塑

秦汉盛行厚葬之风，俑在这一时期得到了很大发展。秦始皇兵马俑无论在数量还是体量上，都发挥到了极致，其壮观的气势从侧面反映了秦朝一时的强大，也是我们了解秦代雕塑最主要的依据。

秦汉大型仪卫纪念性石雕

仪卫性石刻具有纪念碑意义，秦汉仪卫雕塑是中国史上此类雕塑的源头，现存最早的大型纪念雕塑始于西汉。这些雕塑风格恢弘，强调力度和气势，它们在格局、功能及风格上对后世同类题材的作品，如陵墓石刻等产生过一定的影响。西汉大型仪卫纪念雕塑的代表作是霍去病墓的 16 件动物石刻。作为将军生前为国立功的战场——祁连山的象征，墓上散置各种现实生活中的野兽和神怪的幻想动物形象，与大自然环境结为一体，充溢着生命力。

当时的建筑装饰构件上的装饰雕塑艺术取得了一定成就。史籍中所记载的建筑实物已荡然无存，“秦砖汉瓦”为我们提供了推想空间。“秦砖汉瓦”，是指秦代的空心陶砖，多是龙、凤或狩猎、农耕的图案。秦代的瓦当艺术可以说是小件浮雕艺术之精品，大致上可分为卷云纹和动物纹，构思巧妙、变化多端。西汉瓦当以“延年益寿”、“长生无极”等吉祥语作为装饰内容，动物纹样多采用“四神”(青龙、白虎、朱雀、玄武)。

这种风格特点，在秦代的铜镜纹饰中也可以欣赏到，这种始于春秋战国时期的艺术品种，自秦代开始愈加精美，并对后来的魏晋六朝时期有很大影响。西汉的铜镜装饰除了与前代大体相同的云雷纹、蟠龙纹以外，比较流行使用吉祥语，如“长相思、毋相忘、常富贵、乐未央”等。乳钉纹也是这一时期的特点，在乳钉之间有人物、鸟兽等。

西汉的金银嵌镶工艺也比较发达。在铜制器物上嵌镶金、银、松石等不同材质的装饰，再填以黑漆，曰“错金银”。在日常生活中，趋向于把生活用

品制作得更艺术化。比如当时的铜油灯是常见的一种生活用品，从现在的出土文物看，各种地位的人们所使用的灯具也有很大差异。最为著名的是出土于河北满城的“长信宫灯”。

西汉的玉雕也是不可忽视的小型雕刻艺术之一。常见的有带钩、印牛、头饰、玉佩等，以随葬品玉蝉、玉猪等。这些小型玉雕小中见大、选材精良、造型完整。中国雕塑在题材内容和雕塑技法上都具有鲜明的民族特色，并在长期发展中，不断吸收、融汇了很多外来艺术成分。其发展的高峰是秦汉、南北朝、隋唐时期，五代以后，大规模的雕造活动日益减少，而中小型雕塑则有新的发展。

青铜纪念雕塑

据《史记·秦始皇本纪》记载：“二十六年……收天下兵，聚之咸阳，销以为钟□金人十二，重各千石，置廷宫中”。贾谊《过秦论》亦有“销锋铸□，以为金人十二”之语。据《史记·秦始皇本纪》记载，始皇初即位就着手穿治骊山；在他去世前，陵区内已是“宫观百官、奇器珍怪徙藏满之”。从 20 世纪 40 年代起，在秦始皇陵园东北隅的临潼县焦家村附近，曾陆续出土一种高约 70 厘米的圉师俑，作跽坐姿态，造型质朴优美。秦代雕塑是中国历史上第一个统一的中央集权制封建国家的雕塑。公元前 221 年，秦始皇统一中国之后，即利用雕塑艺术为宣扬统一功业、显示王权威严的政治目的服务，在建筑装饰雕塑、青铜纪念雕塑、墓葬明器雕塑等方面都取得了划时代的辉煌成就。

建筑装饰雕塑

秦始皇统一六国之后，凭借高度集中的人力与物力，大兴土木。首先，在都城咸阳北坂上营造六国宫殿；其次，加固扩建了跨越渭河的横桥，并在渭河南岸营建新朝宫——阿房前殿；最后，又在骊山北麓修建规模宏大的陵园。这些巨大的建筑工程，均用雕塑作品进行装饰美化。

瓦当是强烈反映时代艺术风格的一种建筑装饰构件。咸阳市东郊窑店镇附近的秦宫遗址，曾出土浮雕着鹿、鸟、昆虫纹的圆瓦当；西安市西郊巨家庄附近的阿房宫遗址，出土四鹿纹、四兽纹、子母凤纹圆瓦当；骊山秦始皇陵区，出土夔凤纹大瓦当，皆以饰纹华丽、风格清新而著称。

此外，在咸阳故城秦宫遗址还出土了两种大型空心砖，其一是刻画着龙

纹、凤纹、水神纹的空心砖，其二是模印着回纹、菱格纹的空心砖，皆铺砌在宫殿阶基地面上，由此可见秦代建筑装饰雕塑的发展概貌。另一组著名的西汉大型石刻，是陕西省兴平县道常村的汉骠骑将军霍去病墓石刻，系元狩六年少府属官“左司空”署内的石匠所雕造。作者运用循石造型方法，将圆雕、浮雕、线刻等技法融于一体，使作品兼有写实与写意的风格。现存作品有立马、卧马、跃马、卧虎、卧象、石蛙、石鱼、石蟾、卧牛、野猪、野人、野人搏熊、母牛舐犊等 14 件，另有题铭刻石 2 块。原先皆散置于墓冢周围，现集中陈列在墓前东西两廊内。立马石刻，亦称马踏匈奴，高 168 厘米，是群雕中的主体。作者采用寓意手法，以战马将侵扰者踏翻在地的情节，赞颂霍去病反击匈奴侵扰所建树的赫赫战功，是汉代纪念碑雕刻的重要代表性作品。

魏晋雕塑

魏晋是一个佛教思想与儒学思想碰撞、交融的时期。因此，统治者利用宗教大建寺庙，凿窟造像，利用直观的造型艺术宣传统治者思想和教义。代表性的石窟为：敦煌石窟、云冈石窟、龙门石窟、麦积山石窟等。石窟内雕塑大量的佛像，有石雕、木雕、泥塑、铸铜等，佛像雕塑遂成为当时中国雕塑的主体。这些石窟在发展中不断增加新的雕塑作品，历代都对石窟进行重修、扩建、新增和补充。石窟艺术在中国雕塑中很有代表性，如东晋时期的戴逵，擅长雕刻和铸造佛像。他在建康瓦棺寺所作的玉躯佛像，与顾恺之的壁画《维摩诘图》和狮子园的玉像被称为“瓦棺寺三绝”。这个时期的雕塑特点为较注重细部的刻画，技术更圆转纯熟，雕塑形象和题材大都为宗教题材，因而雕塑形象具有神化倾向和夸张的特征。宗教使雕塑艺术的题材单一化，但宗教精神的内在动力却也促进了大量精品的诞生。

敦煌莫高窟

在甘肃西部，敦煌县东南的鸣沙山东面的崖壁上，在长达 l618 米的崖壁上，分布着 492 个洞窟，北魏至宋代彩塑 2415 尊，其中唐代 670 尊，是敦煌莫高窟的优秀代表。

它是规模最大、内容最丰富的石窟群，融壁画、雕塑、建筑于一体，以壁画和泥塑著称。

修建于前秦二年（公元 366 年），在以后的 1000 多年里，人们陆续在此

开凿石窟，隋唐时期达到高潮。开凿的窟室有1000多个，保存到现在的洞窟有492个，是现存世界上最伟大的佛教艺术宝库。

乐山大佛

位于四川乐山市，依凌云山栖霞峰临江峭壁开凿而成，又名凌云大佛，为弥勒坐像。始凿于唐玄宗开元初年（公元713年），

“佛是一座山，山是一尊佛”，大佛通高71米，头高14.7米，发髻有1021个，耳长6.72米，鼻长5.33米，眼长3.3米，肩宽24米，手的中指长8.3米，脚背宽9米，长11米，可围坐百人以上，它是迄今世界上最大的一座石刻佛像。1996年12月，乐山大佛被联合国教科文组织遗产委员会列入《世界遗产名录》。

龙门石窟

位于洛阳市南12千米处，是一个风景秀丽的地方。唐诗人白居易曾说过：“洛都四郊，山水之胜，龙门首焉。”龙门石窟始开凿于北魏孝文帝迁都洛阳时。各朝代造像密布于伊水东西两山的峭壁上，南北长达1千米，共约10万余尊。2000年11月，洛阳龙门石窟被联合国教科文组织遗产委员会列入《世界遗产名录》。

龙门石窟以古阳洞和宾阳洞为代表。古阳洞中的主尊释迦牟尼结跏趺坐，面颊丰满，略带微笑，左右胁侍菩萨仪态庄严肃穆。洞内两壁井然有序地排有三列大龛，小龛则数以百计。龛楣、龛额的图饰设计奇制诡异，细致灵巧。宾阳洞中的佛像，面部修长清秀，高鼻大目，微露笑意，左手向下屈三指，右手向前仰伸，这种手势意指佛示说法，主尊前有两只姿态雄健的石狮，左右侍立阿难、迦叶二弟子及文殊、普贤二菩萨。窟顶中央雕刻莲花盘，周围有流云，飞天在云中自由翱翔。前壁及南北两侧有四层精美的浮雕。

云冈石窟

位于大同市西郊武周山麓、十里河畔，主要洞窟有53个，石刻造像51000尊。云冈石窟开凿于公元460年（北魏），当时佛教流行，我国的石窟大多从这一时期开始，到唐朝达到高峰。云岗石窟作为北魏早期佛教艺术的中心，给各地石窟艺术以巨大的影响。龙门石窟坐落在河南省洛阳伊水

两岸，自北魏至宋代相继开凿，有2100多个窟龛，10万尊造像。

麦积山石窟

是世界上唯一一座以泥塑和石胎泥塑为主的大型石窟，因其拥有自北朝以来千姿百态并各具特色的大量泥塑而被中外学者誉为“东方雕塑陈列馆”。麦积山石窟位于甘肃天水县东南的麦积山上。因山如农村的麦秸垛，因此得名麦积山。该石窟始凿于十六国后秦，距今1600余年，历经北魏、西魏、北周、隋、唐、五代、宋、元、明、清等十余个朝代的不断完善，形成一座造像与壁画连续不断、不同时期艺术特征明显的艺术宝库。该窟至今保留大小各种艺术造像7000余尊，古代壁画1000余平方米，大小窟龛194个。麦积山的泥塑有圆塑、高浮雕、粘贴塑、壁塑四种，数以千计的与真人大小相仿的圆塑，极富生活情趣。从约16米的佛像到10厘米的小塑像，从神圣的佛到天王脚下“金角银蹄”的牛犊，都精巧细腻、栩栩如生。这些塑像把神人格化，生活气息浓厚，令人感到亲切。

圣母殿

背靠悬瓮山，前临鱼沼，晋水的其他二泉——“难老”和“善利”分列左右。此殿创建于北宋天圣年间(公元1023—1032年)，殿内共43尊泥塑彩绘人像，除龛内二小像系后补外，其余多为北宋原塑。主像圣母，即唐叔虞和周成王的母亲、周武王的妻子、姜子牙的女儿——邑姜，其塑像设在大殿正中的神龛内，其余42尊侍从像对称地分列于龛外两侧。其中宦官像5尊，着男服的女官像4尊，侍女像共33尊。圣母邑姜，曲膝盘坐在饰凤头的木靠椅上，凤冠蟒袍，霞帔珠璎，面目端庄，显示了统治者的尊贵和奢华。42个侍从像，手中各有所奉，为帝后服种种劳役，例如侍奉文印翰墨、洒扫梳妆、奉饮食、侍起居以至奏乐歌舞等。这些塑像造型生动，姿态自然，尤其是侍女像更是精品。宋代的艺人满怀同情，塑造了一群终生被幽禁深宫、失去了自由、埋葬了青春的女性。这些侍女像的肢体身材比较适度，服饰美观大方，衣纹明快流畅。她们的年龄不同，身段或丰满或苗条，面庞或圆润或清秀，神态或幽怨或天真，一个个性格鲜明、表情自然，加之高度与真人相仿，更显得栩栩如生。这组塑像突破了神庙建筑中以塑造神佛为主的老套，真实地表现了被禁锢深宫、受尽役使的侍从们的生活精神面貌，从而反映了封

建社会中的一个侧面。在技巧上，显然相当准确地掌握了人体的比例和解剖关系，手法纯熟，有高度的艺术表现力。它们是我国古代雕塑艺术中的珍品，在美术史上占有重要的地位。人们谈到晋祠，往往总要谈到这些精彩的宋塑。

兵马俑

古人相信人有灵魂，灵魂不死，通过陵墓进入天堂。从秦汉以来，盛行厚葬，帝王贵族希望死后升天，仍然过着享乐生活，生前不惜花费巨资修建陵墓。

最著名的陶俑当数我国陕西西安临潼的秦始皇陵兵马俑。秦始皇陵建于公元前 246 年，历时 39 年，是目前已知的中国封建社会规模最大的一座帝陵。秦始皇从 13 岁继位后，便开始为自己建造陵墓。统一六国后，又从全国各地征调 70 万人建造陵墓，直到秦始皇死时，陵园尚未完全竣工。秦始皇陵墓是一座结构宏大、富丽堂皇的地下王国和巨大的珍宝库。其中秦兵马俑的发现被称为“20 世纪最重要的考古发现”。

秦俑恢弘的气势显示出秦国“士勇兵利，车坚马良”的强盛局面，体现了秦军豪迈勇敢的战斗精神，映射出“秦王扫六合，虎视何雄哉”的气魄和秦始皇统一六国时所向披靡的宏伟景象，再现了秦始皇南征北战、统一中国的历史场景。

其实当年的兵马俑各个都有鲜艳和谐的彩绘。陶俑的战袍上绘有朱红、橘红、白、粉绿、绿、紫等色。裤子绘有蓝、紫、粉紫、粉绿、朱红等色。甲片多为黑褐色。陶俑的颜面及手、脚面颜色均为粉红色，表现出肌肉的质感。整体色彩显得绚丽而和谐，更加增强了艺术感染力。

秦代的制陶工匠和雕塑工匠以模为主、塑模结合、分件制作、逐步套合和入窑绕制、出窑绘彩的方法，烧制出这些大型陶俑和陶马。陶俑头部大都是合模制成，俑腿和俑身是采用模制或泥条盘成，臂和手用模制或手制。对各个细部的制作，运用塑、模、捏、贴、刻、画等方法逐个进行雕塑。

秦始皇兵马俑是中国雕塑的重要代表。法国前总理希拉克参观完说：“世界上有 7 大奇迹，现在要加上秦俑。不看金字塔，不算真正到过埃及；不看秦俑坑，不算真正到过中国。”

秦俑被誉为“世界第八大奇迹”，是中国古代陵墓雕塑的重要代表，其地位代表中国雕塑的艺术水平，它的艺术风格和艺术技巧为后世所继承和发展，使其艺术传统源远流长。秦始皇兵马俑是我们民族的骄傲，也是世界文化的宝贵遗产，1987 年由联合国教科文组织列入“世界人类文化遗产”目录。

汉代社会是一个视死如生的社会，人们认为人死以后，只是换了一个地方继续生活，因此生前所能享受到的一切物质待遇和精神待遇，死后都要想方设法地带到另外一个世界里去。在这样一个背景下，一些手握重兵的诸侯王和高级将领，死后自然希望能继续指挥千军万马，兵马俑就应运而生了。目前徐州市东郊狮子山西麓和咸阳杨家湾都出土了汉兵马俑。

秦兵马俑以高大壮观示人，写实主义的秦俑给人一种奔放雄浑的力量美。但任何艺术的发展都有一个由具体到抽象的过程，汉兵马俑在继承了秦俑风格的基础上加以发展，由写实转变为写意，它不注重人物线条的比例是否准确，而侧重于人物的内心世界和精神风貌。但这些兵马俑都是墓主地位和威严的象征。

汉俑虽没有秦俑那样的规模，但总量远过之，材质更广泛，面貌更丰富。汉代各类材料制作的俑，对于现实生活有了更进一步的反映。不同的作品既能反映出时代特色，又体现着地域风格。这一时期的墓葬，多使用材质较好的石料构筑其框架，并在石材外表浮雕以历史故事、植物、动物，或把墓主人生前的生活场面雕刻记录下来，用画像砖呈现繁盛时期。

秦始皇兵马俑以它的“大、多、精、美”征服了现代人。

秦俑大，首先是场面大，3 座兵马俑坑布置在近 2 万平方米的大地上，直观地再现了秦国军队兵强马壮的宏伟场面。如此巨大而又围绕一个主题展现的艺术群雕，在世界上也是绝无仅有的。其次是形体高大，陶俑平均身高 1.8 米，陶马身高 1.7 米，身长 2 米，在世界上还没有发现比秦俑更为高大的陶俑。

秦俑多，是指数量多，3 个坑出土近 8000 件陶俑、陶马，在世界雕塑史上蔚为奇观。

秦俑精，是指对每件陶俑大到身体结构，小到毫发，都精雕细刻、一丝不苟。

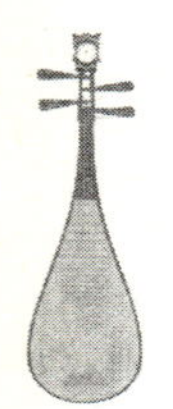

秦俑美，是指这些不同的陶俑中间有高大魁梧、气宇不凡的将军，有威武刚毅、身经百战的武官，更有神情各异、生动传神的士兵，可谓千人千面、互不雷同，喜怒哀乐、各有其情，完全是当年秦军将士的真实写照。

陵墓雕刻

中国在旧石器时代晚期已有墓葬。自秦汉以来，由于统治阶级盛行厚葬，在帝王和王公贵族的陵墓前，一般都要设置石柱、石人、石头兽等，以显示他们的地位和威严。这些权贵们让最好的工匠用最好的材料，为他们制作随葬的陶俑和陵墓前的雕刻，所以往往集中体现了当时最高的艺术水平，同时具有明显的时代特征。

陵墓雕刻是指陵墓建筑中的雕塑部分。陵墓建筑分为地面和地下两部分。配合地面建筑陈设的各种石雕和石刻，为地面上的陵墓雕塑，一般来说最为常见，而且规模宏大，成就突出。地下雕塑，则是地下墓室壁面上的石刻、砖雕的浮雕以及画像石、画像砖等。

霍去病墓石雕群

霍去病(公元前 140 年—公元前 117 年)，汉武帝时期抗击匈奴的著名将领，曾六次大败匈奴，被封为“大司马骠骑大将军”。可惜的是他死时才 23 岁，汉武帝惋惜他的英年早逝便在自己的陵墓(茂陵)的东侧，修建了一座形如祁连山的巨大墓冢，以表彰他的伟大功勋，霍去病墓前有许多人兽石雕，总数已不可计，现仅存 16 件。

霍去病是西汉的著名将军，墓前 14 件石雕中以动物为主，仅马的形象就有马踏匈奴、跃马、卧马 3 件，作者运用寓意的手法，用气宇轩昂、傲然屹立的战马来象征这位年轻将军的英姿。

“马踏匈奴”为墓前石刻的主像，长 1.9 米，高 1.68 米，为灰白细砂石雕凿而成，石马昂首站立，尾长拖地，腹下雕手持弓箭匕首、长须、仰面挣扎的匈奴人形象，是最具代表性的纪念碑式作品。

《伏虎》的作者利用一块波浪起伏不规则的石料，把凶猛桀骜的“虎性”表现得淋漓尽致。虎头、颈与胸连在一起，似为积蓄力量，好像随时会扑向猎物。虎尾倒卷于背上，虎身上的斑纹虽没有雕刻得很突出，但却异常生动。作品造型浑然一体，充满生气，不拘泥于细节的真实性，而是把握住了

整体的特征。

马踏飞燕

出土于武威雷台，是中国汉代雕塑艺术的代表性杰作。它是根据甘肃河西“汗血马”形象创作的，它体态轻盈、神形兼备，昂首扬尾、三蹄腾空，动感极强，生动而准确地再现了天马风驰电掣般飞跃的英姿。通长 24 米，高 30 米。

佛教造像

是佛教在中国传播的必然产物，其中最有代表性的是北魏时期形成的四大石窟。从云冈早期的威严庄重到龙门、敦煌，特别是麦积山成熟期的秀骨清相、长脸细颈、衣褶繁复而飘逸的刻画，使佛教造像达到了中国雕塑艺术的理想美的高峰。

唐代雕塑特别注重将佛教的幻想世界和人间生活紧密联系，雕塑形象健康丰满而且颇有性格特征，如龙门石窟中奉先寺雕像中的菩萨（卢舍那佛）的端庄矜持、弟子的顺温虔诚、天王的坚毅威武都表现得淋漓尽致。

明清以后的佛教造像世俗化明显，如十八尊罗汉、五百罗汉形态都可区别，形象均来自现实生活。

从雕塑艺术发展史来看，秦汉时期中国雕塑才作为一门独立艺术门类大放光彩。唐代达到高峰，唐代以后直至明清雕塑艺术便走向衰落。

袍俑头像

人物头绾圆形发髻，身穿战袍，脸阔鼻宽，颧骨高突，眉弓拱起，双唇紧闭，唇上的八字胡向上翘着，额头刻有皱纹，是一个坚毅稳健的军吏形象。

军吏俑

人物束发戴长冠，身着立领及膝长袍，外披铠甲护住前胸双肩和上臂。足下设有踏板，面容较圆润，细眉小眼，唇边胡须上翘，颏下有短须。

蹲射俑

嘴唇紧抿，两眼警惕地直视前方。他左膝弯曲，右膝及地。

立射武士俑

身材高挑细长，侧身而立，上身微倾，头向右侧转，右腿微弓，身体重心

前移。

将军俑

大都身材高大魁梧，头戴双卷尾冠，足穿方口翘尖履，身穿双重长襦，外披彩色鱼鳞甲，或着长袍不披甲，長髯飘洒，昂首挺胸。有的显得威武大度、雄风逼人，勃发出阳刚之气；有的显得满腹韬略、气宇轩昂，表现出儒将之风。

跪射俑

大多数出土于二号坑。二号兵马俑坑是一个多兵种的曲尺形军阵，分阵心和阵表两部分。阵心由八路身穿铠甲的跪射俑组成。他们身穿齐膝长襦，外披铠甲。头绾圆形发髻。双目凝视前方，两手做持弓弩状。

唐三彩

是继青瓷之后出现的一种彩陶，主要由黄、绿、白三色釉彩涂胎，故称唐三彩。

三彩骆驼，背载丝绸或驮负乐队，仰首嘶鸣，那赤髯碧眼的牵驼俑，身穿窄袖衫，头戴翻檐帽，再现了中亚胡人的生活形象，使人回忆起当年驼队行进在“丝绸之路”上的情景。

第五章　曲艺知识

说

说，要明白生动。北方曲艺演员曾经说过："说书一股劲，唱曲一段情，句句警人心，听者自动容"。说，要做到"一股劲""警人心"，就要在介绍地点、描写环境、讲解故事的来龙去脉，刻画人物、模拟人物对话、剖析人物心理活动以及作出评价等多方面，自始至终说得明白生动，引人入胜。

基础是书词要写得符合上述要求。赵树理同志创作的评书《登记》就有这个特点。它的开头是：……这个故事要是出在三十年前，"罗汉钱"这东西就不用解释；可惜我要说的故事是个新故事，听书的朋友们又有一大半是年轻人，因此……就得先把"罗汉钱"这东西交代一下。

曲艺说表技巧。以说为主的评话和说唱相间的鼓书、弹词最重说表和赋赞的念诵；相声、滑稽也以说、学为重，都要凭说功来表达内容，取得艺术效果。以唱为主的一些曲种，在歌唱中也夹有少量插白、过口白或简短的说口，以及半说半唱的成分。说功在说唱艺术中是重要的艺术手段，故有"说为君，唱为臣"、"七分话白三分唱"等说法。曲艺艺人通过长期的艺术实践，对说表技巧积累了丰富的经验，主要包括下述 7 个方面：

吐字：吐字发音是曲艺演员的基本功，它要求演员在掌握正确的吐字发音方法，即每一个字声母的发声部位（"唇、齿、喉、舌、牙"）和韵母发声口型（"开、齐、撮、合"）的基础上进而锻炼，使自己的中气充沛，调节呼吸气息，根据书情内容的需要，安排语言的轻重疾徐，尤以字音沉重、打远，使在场听众听得清晰、字字入耳为主要要求。艺人谚诀有"一字不到，听者发躁"、"咬字不真，钝刀杀人"之说。字音沉重、打远，并非盲目用力所能致，如模拟人物的低言悄语或情绪低沉的独白时，音量不大，仍能字字有力，送入听众耳中，方见吐字的功力深厚。清代弹词名家王周士在《书品》中提出"高而不喧、低而不闪"的要求，闪即字音闪烁含混。又有"放而不宽，收而不短"之说，指声音虽应放开，但又要防止过头，使人聒耳；收音时也不可过于短促，使人有含

混之感。

传神：说表主要是靠演员的语言声态来描写环境、制造气氛、刻画人物，模拟各种人物的讲话和思想情感，这些都要求说得传神才能感染听众。优秀的演员在模拟各种人物语言口吻时，往往不用“介头”（即介绍讲话者姓名），而使人一听就知道是什么人在讲话。传神是说表技巧的核心，说表传神才能使听众心神不散。王周士在《书忌》中指出“乐而不欢，哀而不怨，哭而不惨，苦而不酸，羞而不敢”等说书的弊病，说明说书人感情不足则无以传神。扬州评话名家王少堂提出“书断意不断，意断神不断”之说。断就是停顿，说表有紧、慢、起、落，有波澜起伏，必然有停顿之处。停顿不仅可以换气而且也借以创造艺术意境。书情说得拢人心神，语言虽断而意犹未断，意虽断而所传之神未断，妙在“此时无声胜有声”。《扬州画舫录》卷十一云：“吴天绪效张翼德据水断桥，先做欲叱咤之状。众倾耳听之，则唯张口怒目，以手作势，不出一声，而满室中如雷霆喧于耳矣。谓其人曰：‘桓侯之声，讵吾辈所能效？状其意，使声不出于吾口，而出于各人之心，斯可肖矣。’虽小技，造其极，亦非偶然矣。”说表传神是演员体会书情、揣摩人物、运用语言技巧与表情动作相结合的结果。

使噱：噱就是笑料。评弹的“放噱”、相声的“抖包袱”都是将作品中的可笑因素通过一定的铺垫和表演，然后充分展开，取得响堂的艺术效果。铺垫的层次顺畅鲜明，给予听众的印象准确生动，才能一步步逼向笑料的迸发；而在最后迸发笑料时，更要掌握语言的分寸感，即迟疾顿挫的技巧。使噱的技巧是演员通过艺术实践取得与听众的听觉心理相适应的结果，所以在不同的演出场合，演员要注意适应听众心理，使噱时采取一定的灵活性，不可板滞、千篇一律。

变口：在塑造人物形象时，有选择地将某些人物的语言以方言语音来模拟，不仅表现人物的籍贯，更有助于表现人物的社会地位、精神气质等。在传统书目中利用方言变口来刻画人物，也反映古代社会生活中的一些风情世态。如县衙里的师爷说绍兴话，北京的生意人说山西话，南方的典当业说徽州话之类。变换口音在南方曲艺中称为“乡谈”，北方曲艺称为“倒口”，是说功的重要技巧之一。

音响：运用口技的技巧来模仿各种声音，以达到烘托气氛的艺术效果。

评弹有“八技”之说，内容大体包括擂鼓、吹号、鸣锣、马蹄、马嘶、放炮、吼叫等。另有包括“爆头”之说，爆头即人物惊诧、愤怒、焦急时的各种吼声，北方评书称为“惊、炸”，演员须提高嗓音以表现人物惊诧高叫的语调。

贯口：或称“串口”、“快口”，以富于节奏的语言叙述事物，要求一气呵成、贯串到底。演员事先背诵熟练、运用得当，可以起到渲染书情或产生笑料的作用。

批讲：包括对书中人物、事件的评论和对书中引用典故及历史上的典章制度等的解释。有时详剖细解，有时片言只语，旨在帮助听众理解书情，辨别是非美丑。批讲的内容和详略，也以听众对象的具体情况为转移。

唱

唱，要优美动听。曲艺演唱的往往是较长的叙事诗或抒情诗，这就要求演员结合故事情节和人物思想感情引吭高歌。在一篇唱词中，要有一两个核心唱段，设计好优美动听的唱腔，以感染观众。西河大鼓《邱少云》结尾，有六句颂歌是：天上的星星永远亮晶晶，地上的清泉永远水清清。大江流水永远流不尽，高山的松柏永远青又青。我们的英雄邱少云，你永远活在人民的心中。

著名演员马增芬在设计音乐时，前四句用深沉婉转、激昂有力的曲牌“双高”，最后以悠扬跌宕的曲牌“海底捞月”收尾，充分表达了对英雄的崇敬和怀念的深情。听起来余音袅袅，回味无穷。

演

演，要注意表情。曲艺是轻骑短刃，一两个演员往往要在工厂、田间、工地、哨所为成千上万的群众演唱。表演时，要求演员靠声调、语气和面部表情的变化来表达思想感情，而形体动作和小道具的运用（醒木、折扇、手绢等）则是辅助性的。

表演前要设计好人物的位置，眼神的视线要有目的性，面部表情主要靠眼神的变化向观众交代。这就叫“眼灵睛用力，面状心中生”。有时语言、表演结合在一起，叫话相齐发。曲艺的表演讲究神似，模拟动作不宜过多。

评

评，要观点鲜明。宋代罗烨有两句话：“讲论只凭三寸舌，秤评天下浅和

深。”说的是演员在演唱中间，凡对书里的事物进行评论介绍，对书里的主要正面人物着重赞扬，对某些反面人物批判贬抑，都要观点鲜明。经常使用的手法有散文、韵白、唱词三种。散文的评，例如评书《小技术员战服神仙手》：各位，说这段书不比《三国》、《水浒》，那些书虽然热闹非常，然而距离今天太远，借鉴之处究竟不多，也不比《荒江女侠》、《深宫艳史》之类，毒素满篇，纯粹是荒谬怪诞之说。这一段新词儿思想斗争针锋相对，故事情节曲折、复杂。不仅满有趣味，而且促人猛省。仔细听来，保证受益不浅。

韵白的评，例如评书《艺海群英》：年纪大约三十多，浓眉大眼嘴皮薄，半旧礼帽边沿破，衣衫钮扣半脱落，单褥一条随风颠，布鞋没跟露赤脚。畏寒守住空桌坐，客茶满斟没敢喝，果真是，江湖卖艺受奔波，流离失所苦生活！唱词的评，例如快板书《峻岭青松》：老劲爷，身披晚霞多壮美，凛凛雄姿更威风。英雄事迹争传颂，高山峻岭立青松。评，有时是夹叙夹评，在传统书目中称为“人物赞”。它用寥寥数笔塑造人物的神采和外貌，给人留下深刻的印象。

噱

噱，要趣味隽永。曲艺要有趣味性、娱乐性。相声是逗笑的，相声以外的其他曲种也要求有适当的“噱头”、“包袱儿”，使听众听了感到轻松愉快。“肉里噱”来自生活，与故事内容紧紧结合，听后有回味。“外插花”是活跃气氛的插科打诨，相声演员称它为“佐料包袱儿”，不可缺少，也不宜过多。而那种为逗笑而逗笑、一味耍贫嘴的表演，则会起到相反效果。应该提倡的是趣味高尚、耐人琢磨的“噱头”。例如单口相声《追车》，提到解放前通货膨胀，“我三叔”花了不少钱才买到一辆破车时，写得很生动可笑：“……他勒紧腰带也要买辆自行车。那阵花了金圆券是多少来着？这么说吧：二斤半！在寄卖行买了一辆旧车。这辆车除了铃不响哪儿都响……”二斤半钞票，可以想见金圆券贬值都快成废纸了。该响的铃不响，而其他地方都响，这辆车破到什么严重程度，可想而知。这正是恰到好处的“肉中噱”。

学

学，要绘声绘形。根据叙述故事情节和刻画人物特征的需要，演员表演时常常仿学方言、方音，以模拟不同的人物；仿学市场叫卖声、戏曲唱腔，以

描绘特定环境；有时也用鸡鸣、犬吠、马嘶声、军号声、枪炮声、火车声、飞机声等口技，使听众从声音形象上产生真实感。这种手法简捷有力。张次溪在《人民首都的天桥》中指出：举凡古人交锋对垒，以及关于发音者，尤须以口代之。……学风时必要说：呜呜呜狂风大作。学雨时必说：哗哗哗大雨犹如瓢泼一般。发炮时必说：光光光三声炮响。学雷时必说：咕噜噜沉雷震动山川。……就怕赶上说下雪，干张着大嘴，没法儿办。过去表演相声提到“学”时常说：“学点天上飞的，地下跑的，河里凫的，草窠里蹦的。”这说明当时相声还带着表演口技的痕迹。现在则已经很少有人表演了。说、唱、演、评、噱、学，这六种艺术手法，是从多数曲种当中提炼归纳出来的。个别曲种如弹词，还强调演员表演时要掌握乐器（琵琶、三弦），所以它的艺术手法中又多了一个“弹”。这只是大同中的小异。

中国曲艺

中国曲艺是由古代民间的口头文学和歌唱艺术经过长期发展演变形成的一种独特的艺术形式。曲艺的艺术特征，是通过说唱敷演故事和刻画人物形象。它臻于成熟的标志，是产生了职业化或半职业化的艺人，并以地区、民族和曲艺艺术流派的差异发展衍变成多种曲种，而为中国各族人民所喜闻乐见。

古代艺术中的曲艺艺术因素、曲艺与古代民间的说故事、笑话和叙事诗歌的歌唱有一定的渊源关系。曲艺作为一种艺术活动，溯源于古代宫廷中的俳优。俳优是专为供奉宫廷演出的民间艺术能手，艺术活动包括歌、舞、乐、优四项，说故事、笑话也是重要的一门。史书中记载的多是俳优以谈笑进行讽谏的情况。俳优的诙谐嘲弄为曲艺所继承，并成为后世曲艺艺术重要的构成因素。

曲牌

曲牌是传统填词制谱用的曲调调名的统称，俗称“牌子”。古代词曲创作，原是“选词配乐”，后来逐渐将其中动听的曲调筛选保留，依照原词及曲调的格律填制新词，这些被保留的曲调仍多沿用原曲名称，如“折杨柳”、“后庭花”、“虞美人”、“懒画眉”等，遂成“曲牌”。

曲牌的文字部分须“倚声填词”，多作长短句，少用齐言。各曲的句数、

用韵、定格(何处可加如“也罗”之类的和声),以及每句的字数、句法和四声平仄等都有一定格式,从韵文文体来说,曲牌即为此种文体的格律谱。

曲牌牌名来源不一,有以地名命名,如“梁州序”等;有以曲牌节拍或节奏特点命名,如“长拍”、“短拍”等;有以乐曲曲式结构命名,如“三段子”、“三部乐”等;有的以来源命名,如“文序子”、“卖花声”等;有因字面错讹,转义为名,如“朝天子”原是名种牡丹“朝天紫”等。此外尚有其他民族语言的音译,如“拙鲁速”、“阿纳忽”等,以及歌者创用牌名。

曲牌原为声乐曲,后在戏曲中有改为用器乐演奏的,遂演变为器乐曲牌。

变文与转变

指唐代的俗讲底本。约产生于初唐,流入民间是在唐朝末年。变文中的“变”是相对于佛教经文而言的,取变异之意。佛教以佛经为本,以“变”为辅助讲经,也就是把经义演变成文,并通俗易懂,便于普及。唱变文,叫做“转变”。这里“转”就是“啭”。变文对以后的说唱艺术产生过重要的影响。

词话

元明说唱艺术。元初即已盛行。今见最早的词话刊本为明成化年间北京永顺堂所刊《新编全相说唱足本花关索出身传》等十六种,均为中长篇,散文、韵文交织或全部韵文。韵文基本为七字句,间有攒十字。

坐唱

曲艺的一种表演形式。演员坐着说唱,如各种弹词、琴书等。有些只说不唱的曲种,如苏州评话、扬州评话等。因其坐着说讲,习惯上又称“坐唱”。取坐唱形式的曲种,大多为演员自弹乐器自唱,或自己奏弹主要乐器。

站唱

也称为“立唱”。曲艺的一种表演形式。演员站着说唱,如各种大鼓、快板、快书等。取站唱形式的曲种,表演时动作幅度一般较坐唱为大,演员大多自击打击乐器,如京韵大鼓自击书鼓、木板,山东快书演员自击鸳鸯板。许多曲种另有人以弦乐伴奏,山东快书、数来宝等以吟诵唱词取胜的曲种则不用弦乐伴奏。

走唱

曲艺的一种表演形式。指带有歌舞色彩的曲艺形式。表演时边唱边说边舞。包括西南诸省的“车灯”、湖北等地的“三棒鼓”、东北的“二人转”、西北的“二人台”，以及各地流行的“打连厢”、“花鼓”等。

拆唱

曲艺的一种表演形式。演员分角色演唱，不化妆，近似戏曲的清唱，但在交代故事情节时，仍穿插第三者口吻的叙表。过去流行在江苏南部的苏州滩簧以及西南一带的“琴书”，西北一带的部分“小曲”，均取拆唱形式。有些走唱形式的曲种如“彩花落”等，一般同时也取拆唱形式。

活儿

曲艺名词。北方一些曲种称曲艺节目为“活儿”、“活”，如“蔓子活”、“段儿活”等；有时也泛指演员的水平，如“有活儿”，指功底深、掌握的曲目多。

蔓子活

曲艺名词。北方许多曲种如各种大鼓、评书等，称分回逐日、连续演出的长篇或中篇曲目为“蔓子活”。

定场诗

曲艺名词。过去评书、鼓书等演员在演出中、长篇曲目前，往往先念诵四句或八句诗，称为“定场诗”。内容大半是介绍剧中的特定情景和人物的思想感情，其作用与“开词”相仿。

坐弦

曲艺名词。过去北方一部分曲种如京韵大鼓、梅花大鼓、西河大鼓、单弦、天津时调等演出时，经常有一名三弦乐师于后台等候，称“坐弦”。凡遇演员无弦师或固定弦师因故未到场时，即由坐弦顶替。坐弦一般均有丰富的伴奏经验，熟悉各个曲种和演员演唱特点以及曲目内容。

撂地

曲艺名词。又称明地儿。设在庙会、集市、街头空地上的曲艺演出场

所。演员在平地上演出，另有人向观众租赁桌、凳，供观众坐席。许多曲种如相声、山东快书等，大都经过撂地演出进入“戏棚子”。

画锅

曲艺名词。旧时北方有些撂地演出的曲艺演员，先以白砂土在地上画圈、写字，以吸引观众，称为“画锅”。意为画一个饭锅，使演出有收入，得以糊口。

柁子

评书结构名称。一部长篇评书常常包括几个大段落，俗称“柁子”。每个柁子围绕一个中心事件讲述，如《水浒传》的“三打祝家庄”、《三国》的“赤壁之战”之类。

梁子

评书结构名称。一个柁子又分为几个“梁子”，每个梁子都有一个故事高潮，如《三打祝家庄》中的“石秀探庄”、《赤壁之战》中的“借东风”之类。

扣子

评书结构名称。一个梁子之中分为若干个“扣子”，扣子即是扣人心弦的悬念。又有大扣子、小扣子之分。大扣子以叙述故事为主，情节紧凑、丝丝入扣，其中又往往贯串着若干小扣子；小扣子以刻画人物为主。

使扣子

评书的基本要素。扣子的设置，叫做“使扣子”。使扣子的技巧，又叫“笔法”，有正笔、倒笔、插笔、伏笔、暗笔、补笔、惊人笔等各种笔法。评书艺人运用这些艺术手段，以层次分明、起伏跌宕的故事情节紧紧地“扣住”听众，使之流连忘返、欲罢不能。

开脸儿

评书的艺术技巧。“开脸儿”，是描绘人物形象的一种手法，将人物的穿着、身材、面貌肤色等外形特征交代清楚，给听众留下具体形象。

摆砌末

评书的艺术技巧。“摆砌末”，是将书中人物活动的场合背景交代清楚，

如城池、院落、居室、道路的方向、规模、景物、陈设等，逐一描绘，以使人物的活动与环境相合。有时这种描绘还与情节的合理性密切相关，使听众信服。

赋赞

评书的艺术技巧。“赋赞”，是为了赞美人物或景物，常用句式对偶的长短句韵语来加以刻画，声调铿锵、形象生动，给人以美感。

垛句

评书的艺术技巧。“垛句”，也叫“串口”，是为了描绘事件、景物或人物形象，用排比的垛句加以夸张，给人以强烈的印象。这些技巧通过说书人以抑扬顿挫、轻重疾徐的语气叙述、咏诵出来，用以烘托气氛、感染听众。

说学逗唱

曲艺术语。相声传统的四种基本艺术手段。“说”是叙说笑话和打灯谜、绕口令等；“学”是模仿各种鸟兽叫声、叫卖声、唱腔和各种人物风貌、语言等；“逗”是互相抓哏逗笑；“唱”是编唱滑稽可笑的词用各种曲调演唱，或将某些戏曲唱词、曲调夸张演唱以引人发笑。

垫话

曲艺名词。相声演员登场表演正式节目前的开场白，有时也是一个小节目，吸引观众注意或点明正式节目的内容。

入活

曲艺术语。指相声演出时，用以将垫话引入正题的一段内容，具有承上启下的作用。

包袱

曲艺术语。指相声、独脚戏、山东快书等曲种中组织笑料的方法。一个笑料在酝酿、组织时称“系包袱”，迸发时称“抖包袱”。习惯上也将笑料称为“包袱”。

三翻四抖

曲艺术语。相声组织包袱的手段之一。指相声表演时，经过再三铺垫、

衬托，对人物故事加以渲染或制造气氛，然后将包袱抖开以产生笑料。

一头沉

曲艺术语。对口相声的表现方式之一。指两个演员在表演时，一个为主要叙述者，即逗哏；另一个用对话形式铺助叙述，即捧哏。由于叙述故事情节以逗哏为主，故称。

子母哏

曲艺术语。对口相声的表现方式之一。指相声表演时，两个演员（逗哏和捧哏）所承担的任务基本相同，如通过相互间争辩来组织包袱等。

抓哏

曲艺术语。相声、评书等曲种演出时，在节目中穿插进去的可笑内容，用以引起观众发笑。演员往往现场抓取插话题材，并结合节目内容，以取得良好结果。

逗哏

曲艺名词。对口或群口相声演出时主要叙述故事情节的演员，现通常称做“甲”。对口相声中，逗哏与捧哏合作，通过捧逗的衬托、铺垫，使叙述中逐渐组成包袱，产生笑料。群口相声增加“泥缝”，其作用与“捧哏”基本相同。

捧哏

曲艺名词。对口或群口相声演出时配合“逗哏”叙述故事情节的演员，现通常称做“乙”。

泥缝

曲艺名词。群口相声演出时配合“逗哏”叙述故事情节的演员，现通常称做“丙”。

独脚戏

曲艺说唱艺术。又称“滑稽”。流行于上海、江苏、浙江一带，以方言演出。独脚戏兴起于1920年前后，早期以口技、杂学唱一类的节目为多，以后

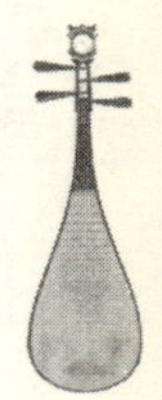

又发展了以“学”为主的及以“说”为主的表现人物故事和以“做”为主的节目，使独脚戏的艺术表现手法形成“说、学、做、唱”四类。独脚戏现在一般以两人合作演出为主。

答嘴鼓

流行于福建省闽南地区和台湾省的一种喜剧性的说唱艺术。亦名触嘴古、拍嘴鼓或答嘴歌，台湾人民至今叫触嘴古。触嘴是斗口、舌战的意思。古就是讲古、讲故事的意思。在古老的梨园戏以及提线木偶戏、高甲戏中都运用答嘴鼓的形式插科打诨。旧时和尚、道士做法事，也穿插使用这种形式，可见它在民间流传很久。它要求双方反应灵敏、口舌流利，如一方接不下去，就会引起哄堂大笑。这种形式逐渐发展成为答嘴鼓。答嘴鼓的艺术特点是用韵语对话为形式，以生动活泼、丰富多彩的闽南方言来构成笑料，以表达一定的主题。答嘴鼓是二人对口争辩的形式。它的对白是严格押韵的韵语，语言节奏很强，又有些像北方的数来宝，只是不用击节乐器。

双簧

“双簧”有两个意思：其一是指有双簧片的一种管乐器，常被称为"双簧管"；其二是指一种源于北京的曲艺说唱艺术，形成于清代中叶，初兴时以学唱为主，后脸操三弦自弹自唱硬书、莲花落曲目选段或一些小曲，前脸持鼓架子充作三弦，配以相应的表情与动作。双簧靠学、歪学、故意露出破绽、失误而逗笑。由于它善于插科打诨，民国初年后有不少相声演员纷纷学演，后脸多弃弦不用，随之增强了说的成分。

“双簧”这种演艺节目，其起源和慈禧太后有关。

据说晚清有位叫黄甫臣的唱单弦曲的艺人，他唱的段子不仅声音洪亮、抑扬顿挫、韵味十足，而且动作精湛得体，内容风趣幽默。慈禧太后很喜欢听他的曲艺，于是就经常将他召进宫内表演。

有一次，慈禧太后又想听黄甫臣的单弦演唱，便传下懿旨，召他进宫表演。但是，正在黄甫臣接了旨意要去表演的时候，他却得了感冒，嗓子突然间哑了，一点声音都发不出来。

这可让他为难了，要是不去吧，触犯了慈禧可不是闹着玩的；要是去吧，

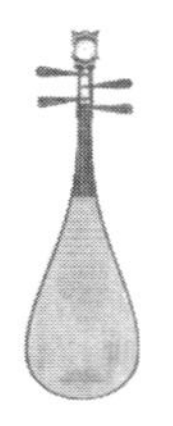

却没有声音,同样会受到责罚。黄甫臣为此愁眉不展,想不出办法。黄甫臣的儿子是门里出身,唱功也很不错,他一见,就对父亲说:“我们何不这样,我藏在后面唱,你在前面做动作表演好了。”黄甫臣想了想,觉得也只好这样了。没想到,父子二人这次搭配演出却十分成功,慈禧太后也听得非常开心。不过,演到最后,他们还是被发现了,父子俩跪地请罪,慈禧太后一时高兴就免了他们的罪,赏赐了银子说:“没想到你们演的双簧,反比一个人演出更觉精彩好看呢!”

自那以后,“双簧”形式的节目便流行开了。

快板

快板有“数来宝”、快板书、小快板、天津快板等多种形式。“数来宝”是两个人表演的;快板书是一个人表演的;小快板除了作返场小段以外,主要是群众文艺活动的一种形式;天津快板是用天津方言演唱的。

“快板”这一名称出现较晚,早年叫做“数来宝”。与“莲花落”一样,起初是乞丐沿街乞讨时演唱的。作为乞讨时的演唱活动,历史相当久远;作为艺术表演形式,就比较晚。“包袱”、“夸张”、“铺陈”是快板常用的艺术手段。

数来宝

曲艺表演的一种形式。数来宝又名顺口溜、溜口辙、练子嘴,流行于中国南北各地。最初艺人用以走街串巷、在店铺门前演唱索钱。由于艺人把商店经营的货品夸赞得丰富精美,“数”得仿佛“来”(增添)了“宝”,因而得名。数来宝进入小戏棚演唱始于明末清初。数来宝艺人凭借广泛的生活知识,见景生情、即兴编唱,有的还能讲今比古、引经据典、夹叙夹议,积累了一些固定的套子词。后来吸收了对口相声的表现手法,形成对口数来宝,进一步提高了艺术表现力,出现了一些针砭时弊的新唱段。诙谐、风趣是数来宝的艺术特色之一。数来宝的基本句式为上六下七,上句六字为三三,下句七字为四三、二五、二二三。上下句的末一个字要合辙押韵,并且同一声调。两句一组,可以一组一辙,也可以连续几个、十几个句组一辙。唱句中还可以插入一些独白,如过口白、夹白等。数来宝在它的演化过程中使用过多种击节乐器,如高粱竿儿、钱板儿、撒拉机、牛胯骨、三块板儿、三个碗儿、开锄

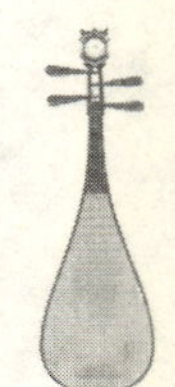

板儿（又名和平板儿）等。现在普遍使用七块板儿，大竹板儿两块叫大板儿，小竹板儿五块叫做节子板儿。大竹板儿有多种打法，有演唱之前的开头板儿和演唱中的小过门儿，还可以打出种种花点儿制造气氛，有时模拟某些音响，有助于表达唱词内容。

快板书

曲艺表演的一种形式。快板书是由数来宝演变而来的。因沿用数来宝的击节乐器两块大竹板儿（大板儿）和五块小竹板儿（节子板儿）而得名。大小竹板儿合称为“七块板儿”。快板书突破了数来宝原来“三、三、七”的句式，在七言对偶的基本句式之外，增添了单字垛、双字垛、三字头、四字联、五字垛等句式，以及重叠、连叠句的长句式。随着句式的丰富，“七块板儿”的运用也有了新的演变。为了提高艺术格调，避免传统数来宝的“江湖气”，快板书演员借鉴竹板书、西河大鼓和各种演唱艺术的长处，革新口风语气和表演动作，增强了刻画人物、描述情景的表现能力。

山东快书

曲艺表演的一种形式。山东快书产生于山东省鲁中南和鲁西南地区。山东快书一说创始于清咸丰年间的山东济宁艺人赵大桅。一说是在山东落子说唱武松故事的传统节目基础上演变而成的，以山东落子的竹板为击节乐器。山东快书自形成以来就以武松故事为主，因此演员被称为“说武老二的”、“唱大个子的”。正书之外有些风趣的小段子叫做“书帽”。山东快书由于曾用竹板击节而叫做“竹板快板”。20 世纪 30 年代前后，曾叫做“滑稽快书”。山东快书的唱词基本上是七字句的韵文，穿插一些过口白、夹白或较长的说白。语言明快风趣，情节生动，表情动作夸张，节奏较快，长于演说英雄人物除暴安良的武打故事。

梅花大鼓

曲艺鼓曲类曲种。梅花大鼓，又名梅花调，主要流行于北方地区。20 世纪初开始在北京、天津两地流传。脱胎于清末，流传在北京北城一带的清口大鼓。20 世纪 20 年代，职业艺人多在南城演唱，称为南板梅花调，把原来北城的“清口大鼓”称为“北板大鼓”。20 世纪 30 年代，天津著名弦师卢

成科再次对梅花大鼓进行艺术改革，特别是丰富了段落之间的过门音乐(即“上、下三番”)，并传授了花四宝等一批女弟子，形成“卢派”，又称“花派”。20 世纪 50 年代，著名弦师白凤岩为了说唱新的内容，又一次对梅花调的板式、唱腔、唱法和过门进行革新，丰富了变调的艺术手法，灵活地插入曲牌和小曲曲调，称为“新梅花调”。梅花大鼓各个艺术流派的共同特点是长于在叙事中抒情。它的慢板、中板，声腔婉转动听；快板、紧板，活泼有力；收束时的慢板稳重而又有余音。句式基本上为七字句，偶尔加三字头，快板中有时有五字句。梅花大鼓多为一人演唱。演员自击鼓板，伴奏乐器有三弦、四胡、琵琶以及扬琴等。

京韵大鼓

曲艺鼓曲类曲种。主要流行于包括北京、天津在内的华北及东北地区。它的渊源是清末由河北省沧州、河间一带流行并传入京津地区的木板大鼓。河间木板大鼓历史悠久，以演唱长篇为主，兼唱一些短篇。1870 年前后，传入天津、北京。经艺人胡十、宋五、霍明亮以及后来的刘宝全、张小轩、白云鹏等改革，木板大鼓发展成京韵大鼓。伴奏乐器在原来的基础上，加上了三弦、四胡等乐器，并将河间方言改为北京的方言，吸收了京剧的发音吐字与部分唱腔，并采用了大量“子弟书”的曲本。20 年代是京韵大鼓发展的鼎盛时期。各种流派繁多、风格各异，几乎与京剧并驾齐驱。京韵大鼓有五个特点：雅俗共赏的形式，刚柔并济的风格，说唱结合的方法，一曲多用的唱腔，写意传神的表演。

京韵大鼓的唱腔属于板腔体，可分为慢板、快板、垛板、住板。基本腔调为起腔、平腔、落腔、高腔、长腔、悲腔等。京韵大鼓具有半说半唱的特色，唱中有说，说中有唱。唱词基本为七字句和十字句，多为上下句的反复，并且比较讲究语气韵味，与唱腔衔接自然。京韵大鼓的主要伴奏乐器为大三弦与四胡，有时也有琵琶。演员自击鼓板掌握节奏。

西河大鼓

曲艺鼓曲类曲种。西河大鼓是河北曲种。以说唱中、长篇书目为主，也有少数演员专工短篇唱段。西河大鼓的前身，是清代中叶流行于河北省中部的弦子书和木板大鼓。西河大鼓的唱腔音乐，是以冀中语音的自

然声韵为基础，吸取某些民歌、小调的音乐语汇发展而成的。在音乐结构形式上，约有30余种依附于主曲的乐曲和乐句的唱腔，分别归纳在三眼一板的头板、一眼一板的二板和有板无眼的三板三种板式中，在速度上都可作大幅度的伸缩，有的还派生出多种变格唱法，唱腔和谐流畅、生动活泼，似唱似说、通俗易懂。属于头板的唱腔有起板、紧五句、慢三句、一马三涧、快头板等；二板的唱腔有起板、流水板、双高、海底捞月、反腔、梆子惠、十三咳等；三板唱腔有散板、紧流水、窜板、尾腔等。西河大鼓的曲调大体上体现在流水板中，二板起板是流水板的中把唱和下把唱的伸展，头板起板是流水板的发展、变化，其他大多数唱腔也都与这几个唱腔有着一定的关联。

西河大鼓的弦子书以小三弦伴奏，演员自弹自唱；木板大鼓没有弦索伴奏，演员自击简板和书鼓说唱。后来，这两种曲艺艺人拼档演出，形成以鼓、板、小三弦伴奏的形式。

苏州评弹

曲艺鼓曲类曲种。用苏州方言说唱的弹词，流行于江苏南部、上海和浙江的杭嘉湖地区。清乾隆时已颇流行。苏州弹词在体裁上为散文和韵文结合，并以叙事为主、代言为辅。以“说噱弹唱”为主要艺术手段，表演上注意模拟各种类型的人物。说表技巧有火功、阴功、方口、活口等不同风格。唱词基本为七字句。基本曲调在原有的俞调、马调的基础上，于近代有很大发展，出现许多流派唱调，以小阳调、蒋调、薛调、徐调、丽调等影响较大。除基本调外，另有一些曲版如“费伽调”、“乱鸡啼”等为辅助曲调。乐器以三弦、琵琶为主，也有增加二胡、阮等为陪衬的。

天津时调

曲艺鼓曲类曲种。清末民初以来流传于天津(主要在船夫、搬运工人、手工业者、人力车夫中传唱)。它渊源于明、清以来的时调小曲，又和很多地区的民间小调有密切关系。另有外地传来的“探清水河”、“怯五更”、“下盘棋”等小调。天津时调唱词句式有以七字句为主的，有长短句相间的；板式有慢板、中板、二六板和近于数唱的“垛子板”，如“靠山调”中的“大数子”等。它的语音声调有浓厚的乡土气息。天津时调大多是一人独唱，伴奏乐器是

大三弦以及四胡、节子板。它的腔调有“靠山调”、“老鸳鸯调”、“新鸳鸯调”、“喇哈调”、“落尺时调”、“落五时调”等。

单弦

曲艺鼓曲类曲种。原为八角鼓中的一种演唱形式，以一人操三弦自弹自唱而得名。单弦兴起于清乾隆、嘉庆年间，当时满族旗籍子弟开始编写、演唱八角鼓，创造了这种自弹自唱的演唱方式，借以自娱娱人。八角鼓状为八角形，象征满清八旗。开始多应亲友喜庆宴聚或在庙会等处义务演唱。后期（公元 1880 年左右开始）由于旗籍子弟随缘乐（本名司瑞轩）自编曲词在茶馆里演唱，对内容、唱腔等多有改革，遂形成独立的曲种。单弦是一种曲牌联套体的曲艺形式，曲牌众多，曲调丰富，艺术表现力强，适合于表现多方面的题材和反映现实生活。尤其在后期，又吸收了一些长于叙事的曲调，使它在叙事、抒情方面生动活泼、独具特色。单弦有两种演出方式：1. 自弹自唱；2. 一人站唱，以八角鼓敲击节拍，另一人操三弦伴奏，旧称“双头人”。八角鼓演唱以“岔曲”、“牌子曲”较常见。“岔曲”是始源于清朝乾隆年间的曲调，内容多为抒情写景。全曲分为六个段落，称为“六字脆唱”。依篇幅长短有大岔曲、小岔曲之分。岔曲文辞典雅骈丽，多为前清作品。“牌子曲”以岔曲开头收尾，中间灵活使用各式曲牌，形成“联曲”的形式。曲牌格律要求非常严谨。内容有叙事性，并加入生活语言，不再拘于诗词散曲式的文体。

山东琴书

曲艺鼓曲类曲种。山东琴书发源于鲁西南的菏泽地区，产生于清代乾隆初年。原为农民自娱的庄家耍（即“玩局”）。清末呈现兴盛局面，名家辈出，流传地区日益广泛。山东琴书最早为民间小曲联唱体，共有小曲 200 支，其中以“上合调”、“凤阳歌”、“叠断桥”、“汉口垛”、“垛子板”、“梅花落”最为常用，称为“老六门主曲”。清代末年撂地演出以后，以演唱中篇书目为主。由于很多曲牌拖腔过长、演出费力、格律严谨，艺人难于填词，遂在音乐上演变为以“凤阳歌”、“垛子板”为主要曲调，穿插少量小曲的结构形式。以扬琴为主要乐器，可唱小段儿，也可唱长篇大书。

凤阳花鼓

曲艺鼓曲类曲种。产生于安徽凤阳。最初为姑嫂二人演唱，歌词都是悲悲切切的内容。旧时凤阳旱涝灾荒不断，许多人家唱着花鼓，乞讨为生。凤阳花鼓成了贫穷讨饭的象征。中国改革开放以后，凤阳花鼓的形式和内容也随之起了很大变化。凤阳花鼓成了凤阳人自娱自乐的工具。花鼓演唱在城乡更加普及，凡是遇到喜事或接待宾客，凤阳人总要热情表演一番，以表达欢乐的心情。凤阳花鼓又叫双条鼓，表现形式一人击鼓，一人击锣，口唱小调，鼓锣间敲。花鼓的打法、舞步、花势、演唱等揉进了现代歌舞的技巧，在保持浓郁的地方特色的同时，形式更加活泼多样，气氛更加热烈欢快。

粤曲

曲艺鼓曲类曲种。用广州方言演唱，流行于广东及广西的广州方言区域，并流传到香港、澳门、东南亚、南北美洲粤籍华侨聚居的地方。早在清道光初年，广东的八音班乐工就以粤曲清唱为业。同治初年，又有失明的女艺人演唱粤曲，一直盛行至 1920 年以后。辛亥革命后，又出现明眼的女艺人（亦称“女伶”）演唱粤曲。1918—1938 年间，“女伶”的演唱达到粤曲史上的全盛时期，当时人才辈出，流派纷呈。1939—1949 年间，粤曲趋于衰落。中华人民共和国成立后，粤曲获得新生，并得到蓬勃发展，整理了不少传统曲目，编演了大量新曲目。在表演形式上，除清唱外，又出现粤曲说唱、弹唱、表演唱等。粤曲和粤剧关系密切，音乐曲调、板式等方面和粤剧基本相同。但粤曲特别讲究唱功，突出声腔艺术，有其独特的风格和创造。其乐器伴奏，有以高胡为主的软弓乐队组织，有以二弦、提琴（广东民间乐器）为主的硬弓乐队组织。

戏剧

戏剧，指以语言、动作、舞蹈、音乐、木偶等形式达到叙事目的的舞台表演艺术的总称。文学上的戏剧概念是指为戏剧表演所创作的脚本，即剧本。戏剧的表演形式多种多样，常见的包括话剧、歌剧、舞剧、音乐剧、木偶戏等。

“龙套”

戏台上四人一组扮演兵士或衙役的角色，叫龙套。龙套由所穿的龙套衣得名。这几个人代表了千军万马。龙套在舞台上的活动有一定程式，如升帐或坐堂分站两厢的叫“站门”；引导主人前行并开路的叫“圆场”；在上下场门附近斜列两行候主人上场或下轿的叫“斜门”，在双方交战从兵刃下穿过的叫“钻烟笼”，分从两边上场的叫“二龙出水”等。

龙套表演讲究“站如钉，走如风”。龙套在站堂助威时要像岩石一般，伫立不动；一旦动（跑）起来，犹如燕子掠过水面。舞台的气氛有时是靠龙套跑出来的，所以又叫“跑龙套”。

龙套以头旗为主，二、三、四旗为副，要听头旗的指挥。他们常打着红门旗、飞虎旗、月华旗，演神话还打着风旗、水旗、火旗、云牌等，所以也有人称其为“打旗的”。

戏曲的四功五法十要

戏曲艺术将表演技巧概括为四功、五法与十要。

四功，是戏曲演员的四种基本功夫：唱功、做功、念白与武打。

五法，指的是手、眼、身、法、步。手指手势，眼指眼神，身指身段，步指台步。至于法，则解释不一。一说是“身法”应作为一项；一说是应称“手眼身步”法。这样，五法就变成四法了。还有认为“法”是“发”之误，指的是“水发”技术，但是“发”已包括在十要之中。按程砚秋的见解，“法”则应改为“口”，“口法”是为了练好唱念功夫。

十要，包括水袖、髯口、翎子、扇子、靴子、帽翅、马鞭、笏板、牙和水发。

戏曲剧种及四大戏剧

我国是一个多民族的国家。地方戏曲剧种共有 360 多种，有近千年的演剧历史。其中在全国影响较大的剧种当数以下几个：

京剧：是流行全国的大剧种，享誉最高，影响最大。

越剧：流行于江浙沪一带，约有五六十年历史。

昆剧：最初流行于昆山一带。表演上注重动作优美，舞蹈性强。

黄梅戏：原于湖北黄梅一带的采茶歌，主要流行于安徽一带，富有民

歌味。

评剧：主要流行于北京、华北、东北。表演朴素自然，曲调活泼，北方特色浓厚。

川剧：主要流行于四川一带。生活气息浓，风趣幽默。

秦腔：流行于西北各省。音调激越高亢，长于表现悲壮激昂的情感。

豫剧：流行于河南，又称河南梆子。节奏明快，音调高亢。

另外，还有江西赣剧，广东粤剧，山西晋剧，江苏锡剧、扬剧，上海沪剧，湖南花鼓戏等，都是很受欢迎很有影响的剧种。

其中，今天仍然影响较大的有京剧、评剧、越剧、汉剧等“四大戏剧”。

京剧的前身为徽剧，通称为皮黄戏。清朝同治光绪年间最为盛行。京剧未形成之前，盛行昆腔与京腔。

评剧，俗称“蹦蹦戏”或“落子戏”，又名“平腔梆子戏”，简称“平戏”。评剧名称是 1953 年在上海演出时才正式使用的。

越剧，因发源于浙江省绍兴地区嵊县一带，即古越国的所在地，故名越剧。

汉剧，属于皮黄戏腔系，声腔以二黄西皮为主。二黄腔原出自平腔，西皮则由西北的梆子腔在湖北襄阳一带变化而成。

中国古代戏曲经典剧目

宋元南戏剧目：现存最早的南戏剧本《张协状元》、元南戏的辉煌之作——“四大戏文”、南戏的压卷之作《琵琶记》。

元杂剧剧目：关汉卿的《窦娥冤》、王实甫的《西厢记》、白朴的《墙头马上》、马致远的《汉宫秋》、郑光祖的《倩女离魂》、杨显之的《潇湘夜雨》、纪君祥的《赵氏孤儿》。

明清传奇剧目：王济的《连环记》、《宝剑记》、《林冲夜奔》、《水浒记》、《活捉》、《义侠记》、《武松打虎》，汤显祖的《牡丹亭》、《玉簪记》、《秋江》、《一捧雪》、《人兽关》、《永团圆》、《占花魁》，洪昇的《长生殿》，昆曲《十五贯》、昆曲《钟馗嫁妹》，明清传奇的压卷之作《桃花扇》，传奇《雷峰塔》与京剧《白蛇传》。

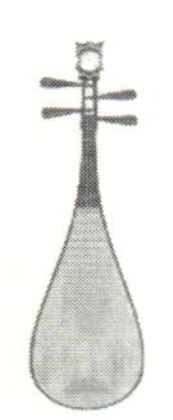

“生、旦、净、丑”的由来

“生、旦、净、丑”是我国传统戏曲中的四个角色。他们是一台戏剧演出的四大台柱。“生、旦、净、丑”的取名和这四个字的反喻之意有关。

“生”是在剧中扮演男子的角色，有老生、小生、武生之分。而“生”字本身有生疏的意思。过去老生是各行当之首，也就是整出戏成败的关键，要求生角的演出必须老练娴熟、唱做俱佳，故反其意取名为“生”。

“旦”是在剧中扮演女性人物的角色，有青衣、花旦、老旦等之分。“旦”的本义是指旭日东升，也是阳气最盛的时候。旦角表演的是女性，女属阴，故反名之为“旦”。

“净”是在剧中扮演性格刚烈或粗暴的人物。通称花脸，有铜锤花脸、架子花脸、武花脸等之分，“净”的本义是清洁干净，而剧中净角都是涂满油彩的大花脸，看起来很不干净。不干净的反面就是净，因而得名。

“丑”是在剧中扮演滑稽人物的角色。有文丑、武丑之分。在十二属相中，丑属牛，牛性笨。因此，丑就是笨的代名词，而演丑角的人则要求活泼、伶俐、聪明，如果其笨如牛是不能胜任的，故相反取名为“丑”。

包公戏

北宋后期，政治愈加黑暗，徽宗昏庸，奸臣蔡京操纵朝政。他们穷奢极欲、变本加厉地压榨人民。处在水深火热之中的人们，当然希望有像包拯这样的好官为民请命、为民除害。包拯不能死而复生，于是民间就产生了包拯生前光明磊落，死后在阴曹地府掌管“东狱速报司”的传说。在现存的宋人话本中，就有《合同文字记》、《三现身包龙图断冤》两种包公断案的故事。这时，包拯作为艺术形象的清官已经出现，但包公的形象尚不够丰满。

元代杂剧作家采用借古喻今的手法，以历史题材来反映现实。于是，包公的清官形象又在舞台上出现。就今天我们所见到的100多种元代杂剧里，包公戏就有13种之多，其中公案戏所占比例尤大。思想性、艺术性较高，称得起上乘之作的是无名氏的《包待制陈州粜米》和李行道（潜夫）的《包待制智勘灰阑记》两剧。

元代包公公案戏，对明代说唱艺人的影响极为深刻。

清朝咸丰年间（公元1851—1861年）有人把说唱的《龙图公案》记录下

来，去掉唱词，将它改成纯粹的散文话本。光绪五年（公元 1897 年）出版的石玉昆的《三侠五义》，便是把说包公故事的散文话本改成了小说。包公形象的塑造，注入了浓厚的忠君思想。小说中的包公、侠客在皇帝面前都非常驯服，为维护统治政权效劳，包公缺少为支持正义而敢于斗争的精神，与历史上的包拯距离甚远。清末人俞樾再将《三侠五义》修改，取名《七侠五义》，流传到现在。

中华人民共和国建立后，以包公故事为题材的戏剧在舞台上大放光彩，《秦香莲》、《包公赔情》等很引人注目。这类戏剧中包公的形象是铁面无私、执法如山、不畏权势、不徇私情的真正清官形象。和历史上的包拯相对照，这类包公戏是符合包拯品性的。

“梨园三怪”有何指

清末民初，梨园有“三怪”。

跛子孟鸿寿，自幼患了软骨病，身长腿短，头特别大，脚小而纤弱，行走不便。他暗下决心，苦学三年，扬长避短，成为独树一帜的名丑，戏园争相邀请。

瞎子双阔亭，自幼学戏，后因病双目失明，但并未灰心丧气，更加勤学苦练。在台下行走要人搀扶，但上了台却泰然自若、寸步不乱，成为功深艺湛的名须生。

哑巴王益芬。先天不会说话，平日看父母演戏，默记于心，虽无人教授，但每天起早贪黑练功。艺成后一鸣惊人，成为有名的武花脸。后被戏班奉为导师。

京剧

京剧是我国的传统戏曲之一，以其表现手段绚丽多彩而成为中国的四大“国粹”之一。

中国的戏曲萌芽于春秋战国时期，到了元代，涌现出以关汉卿为代表的大批杂剧作家，产生了众多的优秀戏曲作品，是我国戏曲发展史上的重要时期。明清时期，全国已有很多地方戏曲，这些戏曲大都来自于民间，带有淳朴的乡土色彩及浓郁的生活气息。京剧就是在这些地方剧种的基础上诞生的。

1790年，乾隆皇帝八十大寿，作为一国之君，他要大肆庆贺一番。为了增加热闹的气氛，他命令四大徽班进京表演。后来，徽剧就在北京定居下来，北京人根据其演唱的曲调，称其为“二黄戏”，这就是京剧的前身。

1840年以后，湖北汉剧艺人带着许多汉剧剧目来京同徽剧一起演出。汉剧的曲调主要是“西皮”，这样，“西皮”和“二黄”得以结合形成了京剧的雏形。到了后来，京剧的武生表演艺术逐渐发展成熟，在表演风格上形成了三个主要流派，即俞菊笙的“俞派”、黄月山的“黄派”、李春来的“李派”。

“俞派”的表演气魄雄伟而身手矫健敏捷，开打勇猛剽悍而动作沉稳有力。“李派”身手轻灵迅捷，开打干净利落，精于短打戏。“黄派”主要流行于京津、东北一带，不但擅长武打，而且嗓音清越，善于唱念。三派的唱念也各有风格。“俞派”多唱西皮，没有什么花腔，念白很有气魄，节奏鲜明、韵味深厚。“黄派”注重唱功，以二黄戏居多，把武生和老生的唱法融合在一起，听起来苍凉悲壮、慷慨激昂，腔调也比较婉转曲折、复杂多变。“李派”的唱法比较简练朴直，易唱易懂。

由于京剧流派众多，同中有异，到了光绪年间，京剧已发展成为我国一个全国性的大剧种。

1919年，京剧艺术大师梅兰芳率领京剧艺人首次赴日本演出，使得京剧艺术开始走向世界，为促进国际文化交流作出了较大的贡献。

京剧“四大名旦”

梅兰芳（公元1894—1961年），出身于京剧世家，在他从艺的50多年里，对旦角的唱腔、念白、舞蹈、化妆等各方面都有创造性发展。他在《宇宙锋》、《贵妃醉酒》、《霸王别姬》、《穆桂英挂帅》等戏中创造了姿态各异的古代妇女形象，在国内和国际上享有很高的声望。

程砚秋（公元1904—1958年），他的戏路极广，不仅有《玉堂春》等青衣戏，也有《游龙戏凤》、《刺红蟒》等花旦、刀马旦和武旦戏。另外他在《窦娥冤》中饰窦娥、《青霜剑》中饰中雪贞。他主演的《贺后骂殿》、《锁麟囊》等戏都盛极一时。

尚小云（公元1900—1976年），曾被评为“第一童伶”。他在《二进宫》、《祭塔》、《昭君出塞》等戏中塑造了一批巾帼英雄和侠女烈妇，在京剧表演艺

术上也是独树一帜。

荀慧生(公元 1900—1968 年),他能使梆子旦角艺术融青衣、花旦、刀马旦的表演于一炉。在唱腔方面,他从昆曲、梆子、川剧中吸取精华,与京剧老生、小生、老旦的旋律融合,创造自己独特的唱腔。他擅长扮演天真、活泼、温柔的妇女,以演《红娘》、《钗头凤》、《荀慧娘》等剧著名。

京剧"四大须生"

"四大须生"有三次变化。先是余叔岩、马连良、言菊朋、高庆奎;后来高庆奎因嗓音衰退离开舞台,以谭富英增补;再以后,余叔岩及言菊朋相继去世,"四大须生"遂成以下四人:

马连良(公元 1901—1966 年)。他形成的"马派"是继余叔岩后京剧老生中最有影响的流派。他饰演的《借东风》中的诸葛亮、《四进士》中的宋士杰、《甘露寺》中的乔玄等角色活灵活现、栩栩如生,风靡一时。

谭富英(公元 1906—1977 年),出身于京剧世家,他的唱腔酣畅淋漓、朴实大方。代表剧目有《定军山》、《空城计》、《群英会》等,都使观众为之倾倒。

杨宝森(公元 1909—1958 年),出身于京剧世家,他的唱功清纯雅正、韵味浓厚,做功稳健老练。代表剧目有《伍子胥》、《击鼓骂曹》、《洪羊洞》等。

奚啸伯(公元 1910—1977 年),自幼爱好京剧,学谭派先生,代表剧目有《白帝城》、《宝莲灯》、《苏武牧羊》等,以《乌龙院》最负盛名。

京剧脸谱

中国传统戏曲的脸谱,是演员面部化妆的一种程式。一般应用于净、丑两个行当,其中各种人物大都有自己特定的谱式和色彩,借以突出人物的性格特征,具有"寓褒贬、别善恶"的艺术功能,使观众能目视外表、窥其心胸。因而,脸谱被誉为角色"心灵的画面"。

脸谱的演变和发展,不是某个人凭空臆造的产物,而是戏曲艺术家们在长期艺术实践中,对生活现象的观察、体验、综合,以及对剧中角色的不断分析、判断作出评价,才逐步形成了一整套完整的艺术手法。

京剧脸谱与京剧表演艺术一样,是和演员一起出现在舞台上的活的艺术。京剧在中国戏曲史上,虽只有二百余年的历史,但与其他戏曲相比,它发展快、流传广,深受人民群众的喜爱,有广泛的群众基础。因此,京剧脸谱

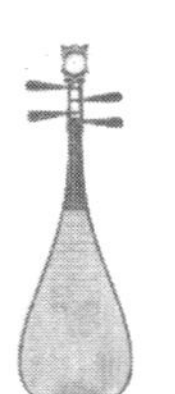

在中国戏曲脸谱中具有特殊的地位。

京剧脸谱是一种写意和夸张的艺术,常以蝙蝠、燕翼、蝶翅等为图案勾眉眼面颊,结合夸张的鼻窝、嘴窝来刻画面部的表情。开朗乐观的脸谱总是舒眉展眼,悲伤或暴戾的脸谱多是曲眉合目。勾画时以"鱼尾纹"的高低曲直来反映年龄,用"法令纹"的上下开合来表现气质,用"印堂纹"的不同图案象征人物性格。

评剧

评剧是流行于我国华北、东北等地的地方戏曲剧种,发源于河北东部的滦县、乐亭、丰润一带。最初是农民农闲季节自发组织起来演唱的二人对唱"莲花落"等民间小调。后来从地摊唱上了土台子,从二三人简单的戏发展成了较复杂的戏。评剧名称的由来,说法不尽统一。一种说法是,该名称由早期的著名女演员李金顺所起;另一种说法是,该名称由李大钊所起。因作为小剧种的评剧刚走进城市舞台时,与国家大戏京剧均称为"平剧",引起京剧班主的忌妒,他们便挑拨武戏演员闹事。后来,时在报界工作的李大钊出面调解。他出了一个主意,给平剧在"平"字边加了一个"言"字。他说,京剧是国家大戏,代表北平就叫平剧;评剧是民间小戏,它反映社会现实快,演唱形式简单、通俗易懂,把"平"字加上一个"言"字就成了"评",这是以评论社会、评书说唱为重的意思。

越剧

越剧是浙江地方戏曲剧种之一,起源于绍兴地区嵊县,由当地民歌发展而成。主要流行于江浙、上海一带。因嵊县一带是古代越国所在地,故将此剧种称为"越剧"。越剧早期为"落地唱书",是嵊县一带农民敲着竹板、笃鼓演唱的一种山歌小调。1906 年春节期间,嵊县农村 6 名说唱艺人首次化妆登台,唱腔仍以"落地唱书调"为主,只用笃鼓、檀板按拍击节,的笃之声不断,故被称为"的笃班",又名"小歌班"。1916 年,小歌班进入上海。1923 年间,小歌班在嵊县施家岙(今新市乡)招了一个女子科班,短期训练后即以"绍兴文戏"的名义在上海演出,因女班扮相俊美、曲调流畅,至 20 世纪 30 年代中已全部改由女演员演出,故又称"女子文戏"。20 世纪 40 年代前后,正式使用"越剧"名称代替"女子文戏"。

黄梅戏

黄梅戏是安徽地方戏曲戏种之一，流行于该省中部，因主要曲调由湖北黄梅传入而得名。黄梅位于湖北、安徽、江西三省交界处。在旧时代，它是荒州穷县，有不少以卖艺为生的民间艺人，走街串巷，摆场说唱。大约在清朝乾隆年间，民间艺人们以大别山的采茶歌、推歌和江湖上流行的渔歌为基础，创造了一种民间歌舞小戏采茶调，因其婉转流畅、优美动听、易学易唱，很快由黄梅传向周围地区。其中一支传向安徽。以后，在黄梅采茶调的基础上，形成以演唱“两小戏”、“三小戏”为主的民间小戏。后又吸收“罗汉桩”说唱艺术，并受青阳腔和徽调的影响，逐渐发展成一个独树一帜的剧种。黄梅戏唱腔委婉清新，表演细腻动人，颇受广大观众喜爱。

秦腔

秦腔是流行于我国西北各省地方戏曲的剧种，由陕西、甘肃一带的民歌发展而成。秦腔名称的由来，说法不一：一说秦腔是秦地土生土长的剧种，自然姓“秦”，故称为“秦腔”；二说秦腔是《秦王破阵乐》即《七德舞》、《七德歌》的简称，故名“秦腔”；三说秦襄公收复丰镐，创建秦国，变温柔懦弱之气，成剧劲激昂之风，车邻驷铁，遗响犹存，故取名“秦腔”，等等。其实，比较确切的解释是：秦腔产生于“秦地”，故冠以“秦”字；秦腔的“腔”，确是“秦地”民众的一种声腔，产生于秦地的一种声腔戏曲，故取名“秦腔”。秦腔的音调激越高亢，以梆子敲击节拍，节奏鲜明。唱句基本为七字句，音乐为板腔体，长于表现雄壮、悲愤的情绪。

昆剧

昆剧起源于16世纪60年代，主要流行于江苏昆山一带。《浣纱记》的出现，标志着昆剧的诞生。

元末明初，南戏在我国戏剧舞台上占据着重要的地位。其代表性的声腔有余姚腔、海盐腔、弋阳腔和昆山腔。开始以弋阳腔和海盐腔最为有名，昆山腔还比较弱小，后来戏剧大师魏良辅对昆山腔进行了改革，为昆山腔奠定了坚实的基础。人们用昆山腔来演出戏剧，这样就产生了昆剧。因为它是由昆山腔发展而来，所以人们又称昆剧为“昆曲”、“昆山腔”。

昆剧的曲调细腻婉转，伴奏乐器一般使用笛、箫、笙、琵琶等。表演风格优美，舞蹈性非常强。昆剧刚一诞生，就以它独特的艺术魅力而迅速传遍大江南北，成为全国剧坛的霸主，对其他剧种产生了深远的影响。在昆剧的影响下，产生了北昆、湘昆、川昆、宁昆等许多支派，形成了一种声腔系统。

到了清代中期，随着地方戏曲的迅速崛起，加上昆剧一直处于停滞不前的地步，所以走向衰落，到解放前几乎绝迹于舞台。解放以后，我国艺术界对昆剧进行了改革和创新，使古老的昆剧焕发出新的光彩。

评书

是流行于北京以及北方广大地区的曲艺曲种。相传形成于清代初年。清康熙年间李声振的《百戏竹枝词》有咏“评话”一首，称“其人持小扇指画，谈今古稗史事，以方寸木击以为节，名曰‘醒木’”，当是早期北京街头说评书的情景。后来，评书艺术不断提高，逐渐流传到天津、河北、辽宁、吉林、黑龙江等地。评书的传统书目经过长期积累，已有40余部，包括历史袍带书《列国》、《西汉》、《东汉》、《三国》、《隋唐》、《精忠岳传》、《杨家将》等10余部；侠义短打书《水浒》、《包公案》、《小五义》等10余部；神怪书《西游记》、《济公传》及鬼狐书《聊斋》等。

中国杂技

中国杂技是历史悠久的传统表演艺术之一。广义杂技为各种超常技艺的统称。古代又称“杂技”、“杂技乐”。

在原始艺术综合发展的阶段，它与乐舞不分，成为当时文化的主导。在汉代的百戏、唐代的宫廷中，它与乐舞一样，大展华彩、辉煌鼎盛。宋元以后，随着古典舞受轻视，杂技也沦落江湖，被视为下九流。但一些绝招妙活依然代代相承，而且精益求精。中国杂技艺术在清末民初，流传海外，饮誉欧美。

秦代讲武为角抵戏，把民间流传的角抵戏引入宫廷。汉代更将角抵戏发展为包括多种乐舞杂技节目的角抵百戏，其中弄剑、跳丸、倒立、走索、舞巨兽、要大雀、马上技艺、车上缘杆、顶竿、人兽相斗、五案、七盘、鱼龙漫延、戏狮等节目，盛极一时。汉武帝为了夸示国家的富庶广大，在元封三年（公元前108年）的春天，举行了盛大的宴会和赏赐典礼。在宴会进行中，演出

了空前盛大的杂技乐舞节目。节目中有各种百戏技艺。还有外国杂技艺术家献技，安息（古波斯）国王的使者带来了黎轩（即今埃及亚历山大港）的幻术表演家，表演了吞刀、吐火、屠人、截马的魔术节目。这些杂技异巧，场面盛大的演出，使四方来客深服汉帝国的广大和富强，达到了汉武帝夸示帝国昌盛富庶、吸引西域诸国结好汉室、共同对付强敌匈奴的外交政治目的。异域奇技使汉代的杂技艺术更加丰富发展。自此，每年都要举行此项活动，这种年年增添内容的杂技汇演大会持续演出达 64 年之久，直到汉元帝初元五年（公元前 43 年）才罢止。唐代杂技在宫廷与民间并盛，皇室贵戚不仅在宴乐中欣赏杂技，而且在达官贵人的出行仪仗队中，也常有行进中的杂技表演，如敦煌壁画中的《宋国夫人出行图》就是一例。

唐代杂技虽不像汉代那样盛大宏繁，而且淘汰了角抵百戏中的一些节目（如鱼龙漫延之戏），但保存下来的节目却得到了惊人的发展，较汉代有其新的特色，出现了许多前所未有的高超技艺。唐人郑处诲的《明皇杂录》中记载一位宫廷歌舞伎王大娘表演的百尺顶竿，上面竟装着一座木山，仿照仙山“瀛洲”、“方丈”的形象，山上还有小儿手持红色符节和乐歌舞。

宋代杂技从宫廷转移到民间，从演出形式到节目内容都发生了深刻变化。程朱理学的兴起、封建伦理的充斥，使来自民间、富有生活气息的杂技艺术受到排斥，除了部分带有训练性的节目在皇室庆典表演外，大多节目沦为都会瓦子场所和乡镇流浪艺人的谋生方式。这种变化使一些排场豪华的大型节目消失，而多种多样的小型节目、一家一户或一个人要弄的节目发展起来。如古彩戏法中的系列节目“剑、丹、丸、豆”的手彩技艺，得到了空前的发展；以腰腿顶功为主要特征的特技异技，出现了不少绝活。

明清时代，杂技沦落江湖的情况未变，个人表演、父子师徒相传的杂技更为发展，如飞叉、耍坛、钻圈、古彩戏法、转碟等，形成了小型多样的系列化表演，保持了许多古老技艺。一些特技在元明戏曲形成之际，被吸收入一些剧种，如蒲剧《挂画》中的“椅技”，川剧中的“变脸”、“吐火”等。特色“超常神奇和险难异能”是杂技艺术共同的审美特征。中国杂技在这共同的规律下形成以下艺术特色：1. 重视腰腿顶功训练，表演戏法的演员要

有扎实武功，所谓“文戏武活”、“京剧的筋斗杂技的顶”即指此；2. 险中求稳、动中求静；3. 平中求奇、出神入化，这个艺术特色在《古彩戏法》中表现得最为突出，演员只穿一件长袍，拿一条薄单，平凡朴实、毫无华彩，却能变出千奇百怪的东西，从18件大小酒席到活鱼活鸟，它反映了东方哲学无中生有的宇宙哲理；4. 轻重并举、妙境通灵、软硬功夫相辅相成，这在《蹬技》中表现得最鲜明，从绍兴酒缸、瓦钟、桌子、梯子、活人到轻薄如纸的花伞、彩毯，都能蹬得飞旋、飘逸；5. 超人力量和轻捷灵巧的筋斗技艺的结合；6. 适应性极强。这些艺术特色构成了中国杂技的独特魅力。近年中国杂技演员在国际比赛中连续获奖，中国成为举世公认的“第一杂技大国”。

杂技之乡

中国许多地方的杂技艺术比较普及，被称为“杂技之乡”，如山东聊城、江苏盐城、河南濮阳、湖北天门、安徽广德、天津武清等。

杂技门类

耍弄型：耍弄节目，包括口捻子、飞叉、转碟、踢毽子、耍坛子、蹬技、手抛技、旋类、鞭技、飞镖、脑弹子、抛青子等。

形体表演型：软功，柔术节目的总称，是具有典型民族色彩的古典杂技技艺，包括滚杯、滚塔、叼花、钻木桶、钻坛子、平腰子。

形体技巧：是一类综合性节目，融集体舞蹈、体操、武术、杂技于一体，使杂技的形体技巧更加完美。一般分为大武术、小武术、刀门子、跳板等。

平衡技巧：这类节目除车技外，有杠竿、顶技、晃板、椅子顶、走钢丝、顶碗等。中幡由来已久，比较普及，是群众喜闻乐见的节目之一。倒立技巧也称大砖顶，主要表演倒立一类节目，如：砸楼子、双拨砖、单拨砖、鸭子踿等。

高空类：包括一字飞人、十字飞人、空中飞人、浪桥飞人、双层秋千、大吊子、空中坐椅、空中悠绳、空中体操。

口技：口技杂技中的传统节目。其表演形式有单人口技、双人口技和多人口技。

滑稽：滑稽多具有喜剧风格。按表演技巧可分为文、武滑稽。文包括三套瓶、打碗、顶纸条、吃苹果、哗啦碗、滑稽舞、手帕内变鸡蛋等。武包括抢椅

子、摔死人等。

乔装动物类：即人扮动物表演的一类节目，有狮子舞、龙舞等。

马戏

马戏，是杂技艺术的主要项目之一，它起源早、规模大。主要节目有撂索、大站、深海、倒挂拔旗、镫里藏身、八步赶鞍、倒骑马背、古装马戏、一人马、二人马、三人马、集体马术、独站双马、多人双马等。另外，马戏中经常会看到驯兽表演。驯兽历史悠久，流传较广。驯兽如驯猴、驯熊、驯虎、驯鼠、驯羊、驯狗、驯狼、驯豹、滑稽驯马、马钻火圈等。

牌子曲类

以曲牌为基本音乐材料，或单支曲牌反复演唱，或多个曲牌连缀而成，用以说唱故事的曲种。流传于全国各地，如北京单弦牌子曲、山东八角鼓、河南曲子、陕西曲子、兰州鼓子、青海平弦、扬州清曲、江西清音、福建南音、四川清音、湖北小曲、长阳南曲、湖南丝弦、广西文场、东北三省的二人转等。牌子曲类、曲种是继宋、元“唱赚”“诸宫调”以及明清俗曲的传统发展而来的。曲牌音乐丰富、数量可观。连缀时所用曲牌数目有多有少，依其唱叙故事的内容和篇幅而定，每个曲种音乐都具有强烈的地方色彩和风格。

鼓曲类

又称鼓词或大鼓书。主要流传于中国北方，一些南方省市也有流传。鼓曲类曲种历史悠久，与宋代的“鼓子词”有一定的渊源关系。演员自击鼓板演唱，伴奏乐器主要为三弦、四胡、琵琶、扬琴等。如木板大鼓、京韵大鼓、西河大鼓、乐亭大鼓、梅花大鼓、钱片大鼓、京东大鼓、东北大鼓、潞安鼓书、襄垣鼓书、山东大鼓、胶东大鼓、安徽大鼓、景德镇大鼓、河洛大鼓、湖北大鼓等。早期曲目长篇居多，有说有唱、散韵结合，后期曲目多为中短篇，以唱为主或只唱不说。

鼓曲类曲种的音乐为板腔体结构。唱腔以语言为基础，依情走腔、依字行腔，一曲多用，板式变化多样，刚柔并济、韵味浓郁，演员的表演写意传神，雅俗共赏，受到广大群众的喜爱。

琴书类

以扬(洋)琴为主要伴奏乐器而得名。在中国各地都有流传,如:四川扬琴,山西的翼城琴书、曲沃琴书,山东琴书,江苏的徐州琴书,安徽琴书,湖北的恩施扬琴,贵州洋琴,云南扬琴等。这类曲种的唱腔有的源于本地民间音乐,有的虽为外地传入却在本土扎根。琴书类唱腔以优美婉转见长,各自形成了具有浓郁地方风格的特点。

琴书类曲种音乐的结构既有曲牌连缀,也有曲牌与板腔的混合体。演唱形式有的为一人站唱、有的为双人和多人坐唱,还有的为分角拆唱(清唱)。

道情类

因源于道歌(即道士说唱道情故事)而得名。起源可追溯到唐代《九真》、《承天》等道曲;又因多采用渔鼓、简板为伴奏乐器,故亦叫渔鼓、竹琴或道情渔鼓。流传地域甚广,在中国南北各地流传的此类曲种达几十种。其中较有代表性的如淮北道情、晋北道情、长安道情、陇东道情、湖北渔鼓、湖南渔鼓、四川竹琴等。

道情类曲种的唱腔及伴奏音乐相当丰富,大多以一支上下句或四乐句的基本曲调反复演唱,有的还具有了简单的板式变化,也有单曲或曲牌连缀的。初为徒歌声节演唱,近几十年来逐渐引入了二胡、琵琶、钹等乐器,演唱人数也有所增加。

在长期流传过程中,各地道情不断吸收当地民歌、戏曲,与当地方言结合而派生出曲趣各异的唱腔来,但大多体现出很强的吟诵性风格和十分注重唱“情”的特点。

时调小曲类

时调小曲是明清时期盛行的曲种。源于民间歌曲,兴起于明宣德、正统年间,遍布南北,品种繁多,包括:

天津时调、上海说唱、扬州清曲、江西清音、赣州南北词、湖北小曲、襄阳小曲、长阳小曲、湖南丝弦、祁阳小调、四川清音、盘子等。

十不闲莲花落、二人转、宁波走书、凤阳花鼓、车灯等。

无锡评曲、昭兴莲花落、锦歌、褒歌、芗曲、江西莲花落、潮州歌、粤曲、龙船歌、零零落、台湾仔歌、粤东渔歌等。

本土小曲类

又称本土小调。其来源一是在本土文化土壤上土生土长的小曲，二是由外地传入但经过与地方文化融合演化为本土小曲，具有本土音乐特色。

本土小曲各曲种不仅数量多，而且涵盖面很广，均以原生形态流传。它们大致可分为时调小曲和民间小曲两大系统。属时调小曲的如北京时调小曲，天津时调，浙江的绍兴平湖调、宁波走书，江苏的宣卷，安徽凤阳花鼓，山东俚曲，陕西、山西、内蒙古的二人台，广东粤曲，四川的南坪弹唱等；属民间小曲的如北京十不闲莲花落，河北沧州木板书，山西沁州三弦书、武乡三弦书，上海的子书，江苏无锡小热昏、苏州文书，浙江、绍兴莲花落，安徽的门歌、四句推子，福建的乡曲说唱、竹板歌，湖北的三棒鼓，四川的连厢、车灯，宁夏小曲、宁夏清曲，甘肃的河州贤孝，青海的西宁贤孝等。本土小曲各种类由于产生时间长短不一，艺术发展的程度也不平衡，有的已进入成熟发展阶段，如以广东粤曲为代表，其唱腔音乐已形成多来源和多种表现性能的格局；而有的曲种音乐是由于萌生时间短，基本曲调较单一，但无论是小曲还是民间小曲曲种，都深深扎根于本土文化土壤并拥有当地的基本观众，同群众的联系极为紧密。

少数民族曲艺音乐

中国民族众多，五十五个少数民族的曲艺音乐因发展历史、地理环境、民族文化、语言声韵、民风民俗的不同而呈现种类繁多、色彩纷呈的特色。如白族大本曲，藏族的格萨尔仲、喇嘛嘛呢、折嘎，蒙古族的乌力格尔、好来宝，维吾尔族的达斯坦、库夏克、莱派尔，哈萨克族的克萨、阿依特斯，朝鲜族的盘索裹，壮族的末伦、唱师、卜牙，赫哲族的依玛堪，侗族的君琵琶，苗族的嘎百福、果哈，傣族的甘哈甘派，彝族的甲苏等。在众多的曲种中，有的历史悠久，具有古老的传统；有的是受汉族或其他民族曲种的影响而逐渐发展起来的曲种。

少数民族的曲艺音乐具有强烈的地方色彩和群众性、民族性。其中很多曲种是说唱本民族历史故事的，它的唱词往往就是史诗，唱腔吟诵性

强，节奏鲜明而平稳，具有返璞归真的凝重色彩和恢弘雄浑的风格；有些曲种源于本民族民间祭祀仪式和巫师活动，同当地的信仰与民俗活动密切相关，其音乐旋律性较强、婉转动听，演唱形式常常是边唱边舞或边唱边奏边表演；还有些曲种说唱民间故事、神话传说，曲调大多由民歌发展而来，这类曲种多抒情优美、含蓄深情；也有一些曲种的唱词为即兴式的赞词、颂词之类，其曲调流畅、活泼，有的富于幽默感，深受本民族人民群众的喜爱。

苗族曲艺

苗族是一个能歌善舞的民族，在漫长的历史长河中，创造了光辉灿烂的民族文化，苗族的曲艺犹如一颗闪烁的明珠在苗族文化的海洋里闪闪发光。苗族曲艺曲种目前已经鉴定的主要有四种：即然更、巴腊叭、匡洛抓、洛啦。

然更，苗族曲种之一，它是随着苗族芦笙的发展形成而发展的，意为芦笙词。据有关史料记载和苗族的口碑材料记载，在距今1000多年前的唐代后叶已经初步形成，然更普遍用于丧葬祭祀和节庆。通过千余年的运用实践，形成了然更的《祭祀》、《抒情》、《叙事》三个部分的曲调，其表演形式以只吹不说、又吹又说和又吹又唱三种形式来表现。然更主要流行于苗语川黔滇方言区的四川南部、贵州西部、云南东南、云南南部、云南东北、广西西部和越南、老挝、泰国、美国、法国等国家和地区。主要曲目有《指路调》、《断气调》等360首和《花山节来历之歌》、《开天劈地》、《九个太阳八个月亮》等。

巴腊叭，它是随着然更的发展而形成的一种说唱形式。明末清初，苗族大量迁入云南，巴腊叭这种曲艺形式也就随之传入，距今约600多年的历史。巴腊叭一般出现于丧葬，以安慰死者亲属为目的。通常以一问一答的形式在芦笙的伴奏下进行表演。党的十一届三中全会后，文山人民广播电台对传统巴腊叭赋予了新的内容进行整理表演，在该台播出后，很受苗族听众的欢迎。主要曲目有《天地溯源》、《说天道地》、《笙与鼓》、《朵奏学笙》等。巴腊叭主要流行于云南省文山、红河、贵州省黔西南、广西百色等地州。

匡洛抓，其形式是讲故事，均流行于苗族川黔滇方言区，贵州苗族称之为“洛当”，东南亚及欧美国家苗族称为“当能”，匡洛抓的演出场地随意性很大，不论田边地角、房前屋后都可以演出，其曲目繁多、流行甚广，其代表曲目有《扎董丕染与蒙诗彩奏》、《虎爹爹》、《黄河潮天》等。

洛啦，属于笑话。苗族的洛啦流行分布很广，内容大多以生产生活为主，对好人好事和愚昧落后的事和物进行褒贬，其曲目繁多，如《父子乘船》、《肉砧板》等。

苗族的曲艺曲种在其社会生活中具有举足轻重的作用，是苗族文化重要的组成部分，为弘扬苗族的优秀传统文化，还需要大量挖掘整理，加以研究。

《格萨尔王传》说唱

中华民族是一个多民族的大家庭。汉族之外，其他少数民族也有各自在不同历史时期的曲艺形式存在，同样由于种种原因，未能有文献记载保留其踪迹。但曲艺史的研究已经使得相当一部分古代少数民族曲艺为人们所熟知。其中，如藏族史诗《格萨尔王传》说唱，由于其演唱内容主要是传承藏民族的古代英雄历史，因而至今流传、生生不息。要说史诗的生成时期，从现存藏文文献、民间传说，特别是说唱内容本身透露出的因素，一般认为它早在唐代即基本形成。

今天知道的《格萨尔王传》说唱，是采用“一曲多变”的专用曲调演唱，中间穿插说白，有时配合挂画讲解、分部说唱长篇历史英雄故事、用藏语言表演的曲艺形式。它的说唱艺人叫做“仲肯”，也就是西藏历史上吐蕃王朝建立过程中和之前传承民族历史史诗的“行吟诗人”。吐蕃王朝建立之后，走向下层民间，专事或兼事《格萨尔王传》说唱表演。它的说唱曲本就是被称为藏民族英雄史诗的《格萨尔王传》。除西藏、青海等藏族地区之外，内蒙古地区也有流传。可能由于语音及习俗的差异，内蒙古地区的传本已经变异而为蒙族史诗，成为后来蒙族曲种“陶力”的主要曲目，故而又称《格斯尔可汗传》。另外，西北的撒拉族地区也有流传。

《格萨尔王传》说唱的故事内容十分丰富而庞杂。据有人统计，能列出名称的故事多达 60 余部，估计唱词可达百余万行，是已知世界史诗篇幅之

最。其主体故事梗概是：藏族英雄格萨尔本是天王之子，因为人间多有不平与灾难，魔怪横行，百姓遭殃，白梵天王便派他降临人世救苦救难。他投生于一个贫苦人家，生母本是龙王之女。幼年即本领超凡，多行善事。一次在赛马大会上获胜，赢得了王位及许多法宝，有了一个美丽的妻子珠牡。他在位期间，领导他的岭国人民战胜了魔国、姜国及许多外族部落，维护了本民族的利益，深得人民拥戴。但晚年仍无子，即传位侄儿，仙逝归返天国。具体的情节内容则因流传时间与地点不同而多有出入。

说《格萨尔王传》说唱为唐代即形成的以传承民族历史为主要功能的曲艺表演形式，一是该形式和内容的定型，反映了它最早只能生成于藏族社会由氏族制度解体到奴隶制国家政权建立的历史时期，亦即公元前后至五六世纪；二是史诗中对吐蕃赞普赤松德赞的崇奉与颂扬，出现的称格萨尔为兄的“嘉察”是汉妃之子的历史概念，尤其是对描写最多的征战故事分析之后，可以看出所写主要为吐蕃在建立奴隶制国家政权过程中统一青藏高原和与周边民族政权争战的种种迹象，都证明其史诗的说唱形式至迟在吐蕃后期已经形成。至于细节及部分情节的出入，当为流传中的变异和艺人说唱过程中的丰富与再创造。而吐蕃王朝的全盛期，就是公元 7 世纪到 9 世纪。这段时期正是汉族政权的唐代时期。

作为《格萨尔王传》说唱形式脚本意义的曲本，长期以来也是民间文学研究的重要内容。因为它是口头创作、口耳相传，为民间百姓首先拥有的文学财富。而传承和流播这种内容的说唱表演形式，就是曲艺及曲艺史考察的范畴。关于《格萨尔王传》的内容，至 20 世纪中叶起多有搜集整理，并用藏、蒙、汉三种文本出版，国外也有部分内容的译本发行。但尚未有一种版本能够全部记述并体现其流播全貌，更丰富的内容主要仍保留于说唱它的艺人中间。

鼓子词

鼓子词是宋代重要的曲艺曲种。表演时以鼓伴奏，是一种每个节目无论长短只用同一个词调反复演唱的曲艺形式。从现存的曲本看，既有短中篇的只唱不说的样式，《金陵府会鼓子词》只有“新荷叶”一段。姚述尧的《圣节鼓子词》两段，用“减字木兰花”词调写成；欧阳修的《十二月鼓子词》用“渔

家傲”调填词，共十二段；又有中长篇说唱相间的样式。这种样式、说白或者只在开唱前有，好像“入话”或“序言”；或者与唱词交替使用，并且间有诗赞。由于其中唱词均为依词牌填写而成，可知其唱腔分别是词牌的牌子曲调。在说唱相间的鼓子词形式当中，现存曲本仅有两种：一种是保存在赵令《侯鲭录》中的《元微之崔莺莺商调蝶恋花词》，是赵令对当时女艺人演出曲本的加工整理。全篇十二段唱词，文词十分典雅；另一种是虽然载于明代人洪编的《清平山堂话本》卷三，但一般认为是属于宋人脚本的《刎颈鸳鸯会》。其曲本说白多于唱词，开头有八句“入话诗”，末尾有一首词和两句煞尾点题诗句。中间除十首唱词外，多处采用说书用的赋赞。如对蒋淑珍的“开脸”式介绍赋赞：脸衬桃花，比桃花不红不白；眉分柳叶，如柳叶犹细犹弯。自小聪明，从来机巧，善描龙于刺凤，能剪雪以裁云。心中只是好些风月，又饮得几杯酒。年已及笄，父母议亲；东也不成，西也不就。每兴凿穴之私，常感伤春之病。自恨芳年不偶，郁郁不乐。垂帘不卷，羞教紫燕双双；高阁慵凭，厌听黄莺并话。

工整铿锵而又富有变化，说书味颇浓。据篇末“漫听秋山一本《刎劲鸳鸯会》，又调“南乡子”一阙于后。奉劳歌伴，再和前声”之语，可知此词为一个名叫“秋山”的艺人的演出曲本，采用的唱腔是“南乡子”词牌曲。“奉劳歌伴，再和前声”云云，与《元微之崔莺莺商调蝶恋花词》中的“奉劳歌伴，先听格调，再听芜词”一样，盖属说唱表演时由说转唱时的程式化谦词套语。《刎劲鸳鸯会》因而也成为现存鼓子词曲本中，唯一可能是非文人加工创作过的比较接近真正艺人演出情形的脚本。

唱赚词

唱赚词简称“唱赚”，是采用同一宫调中的若干支曲子进行演唱表演的曲艺形式。起源于北宋时期，南宋形成并盛行，是城市勾栏瓦舍里最为常见的唱曲形式之一。其演唱的曲本叫做“赚词”。宋人耐得翁在《都城纪胜》里说：“唱赚在京师日，有缠令、缠达。有引子、尾声为缠令；引子后只以两腔互迎为缠达。”就是说，作为唱赚词的前身缠令和缠达是两种不同的音乐结构方式：一种为有引子和尾声，中间夹入若干支曲牌演唱的；另一种为只有引子，没有尾声，而以两种曲牌轮递演唱的。据近代学者王国维（公元 1877—

1927年)考证,缠令、缠达由北宋初年的歌舞表演"转踏"演变而来。其曲本未见流传,但其音乐体制在后来的诸宫调或元杂剧中有所保留。

唱赚词成为用同一宫调内诸多曲子组成一个套数演唱的形式。据《都城纪胜》记载,是南宋初年一个叫张五牛的艺人在临安(今杭州)创立的。又据《都城纪胜》记载,其演唱内容不仅有"花前月下之情",而且有"铁骑金戈之事"。至南宋末,名称也有了变化,又称做"覆赚"。李霜涯是当时文笔"绝伦"的"赚词"作家;"遏云社"为当时唱赚词艺人的社团组织。宋人陈元靓在其《事林广记》中载有一套《园社市语》,之前有一段"遏云要诀"和"遏云致语",后边有一段"驻云主张"。其中"遏云要诀"是讲唱赚规则的;"遏云致语"是一首"鹧鸪天"词,为在筵席间唱赚用的开场词;"驻云主张"是描绘唱赚情形的。如其中的一首诗写道:"鼓似真珠缀玉盘,笛如鸾凤啸丹山。可怜一片云阳木,遏驻行云不往还。"可见唱赚词是用鼓、笛和拍板来伴奏的;《园社市语》则是一套咏唱蹴球游戏的唱赚词,共用"中吕宫"的九支曲子写成,可证实唱赚词较其前身缠令和缠达的音乐体制有了发展。

诸宫调

诸宫调是北宋时期兴起的一直到金元时期还在广泛流传的曲艺形式。

据宋人王灼在《碧鸡漫志》中说:"熙宁元佑间(公元1068—1094年)……泽州有孔三传者,首创诸宫调古传,士大夫皆能诵之。"泽州即今山西晋城、沁水一带。这种形式由于是用若干套不同宫调的曲子来轮递演唱的,故名。诸宫调的演唱据《梦粱录》记载,早期用鼓、板、笛等伴奏,从现存曲本看,有说有唱、以唱为主,体制比较宏大;至于说唱的题材内容,据《梦粱录》和《都城纪胜》几乎一字不差的相同记载,均说"说唱诸宫调,汴京有孔三传编成传奇灵怪,入曲说唱"。可知诸宫调的曲本多属"传奇灵怪"一类故事。到了南宋,据《梦粱录》记载,熊保保是临安有名的诸宫调说唱艺人。除后世有《西厢记诸宫调》、《刘知远诸宫调》和《天宝遗事诸宫调》残章外,宋代的诸宫调曲本未见有留存。

陶真

陶真又写做"淘真",是南宋时兴起的一种曲艺表演形式。由于《西湖老

人繁胜录》中有"听陶真尽是村人"的说法，故一般认为陆放翁诗《小舟游近村舍舟步归》末首中的"负鼓盲翁正作场"，所写就是陶真表演。其实这种推断也有疑问，因为村人所好并非陶真的一种形式。如明代人田汝成在《西湖浏览志余》卷二十里讲到元末明初人瞿守吉当年路过汴梁时所见民间艺人说唱陶真，引瞿守吉诗是"陌头盲女无愁恨，能拨琵琶说赵家"。田汝成也称当时杭州"男女瞽者，多学琵琶，唱古今小说、平话，以觅衣食，谓之陶真。大抵说宋时事，盖汴京遗俗也"。或者可以认为，至明代，作为宋代"汴京遗俗"的陶真，并非"负鼓"演出，而是以琵琶伴奏的。陶真至明时已有说唱"红莲、柳翠、济癫、雷峰塔、双鱼扇坠等"长篇故事的曲本；到了清代，李调元的《童山诗集》卷三十八中也有"曾向钱塘听琵琶，陶真一曲日初斜。白头瞽女临安住，犹解逢人唱赵家"。由诗题"闻书调一名陶真"可知陶真至此时仍以"闻(文)书调"的别名在杭州流传着，其生命力之强亦可见一斑。又因宋代陶真未见曲本留存，从元代至明清，陶真均为以七言句式为主的曲词，故此有人连同用琵琶伴奏方式一道考察，认为明时出现的"弹词"即由陶真发展而成。

现代学者陈汝衡和胡士莹分别在其专著《说书史话》与《话本小说概论》中推断过"陶真"名称的由来与含义，前者认为"陶真"具有"弄假成真"的意思；后者认为"'陶'有娱乐的意思，'真'即是仙"，因而猜测其起源于道观内"道士说唱神仙故事和金童玉女因缘之类"的"俗讲"。然而，在没有可靠材料印证之前，这也只能是推测而已。

说话四家

"说话"艺术自唐时形成，发展到宋代时，规模不断壮大，内容日趋丰富。北宋时不但艺人众多，据《东京梦华录》载，说"三分"(即《三国》)的霍四究，说五代史的尹常卖，善小说的李慥、杨中立、贾九，说诨话的张山人，讲史的孙宽、曾无党，说孟子书的张廷叟等，都是名噪一时的汴京著名"说话"艺人。而且，说话艺术在当时深入人心。如苏轼的《东坡志林》中说："涂巷中小儿薄劣，其家所厌苦，辄与钱，令聚坐听说古话。至说三国事，闻刘玄德败，颦蹙有出涕者；闻曹操败，则喜唱快。"可见其魅力之大。至南宋时，"说话"艺术更上层楼。据《武林旧事》等记载，当时知名的说话艺人多达一百余个，并

出现有艺人们的同仁性行会组织“雄辩社”。更足以引为自豪的是说话此时形成了所谓的“说话四家”。“说话四家”的提法，最早见于宋人耐得翁的《都城纪胜》“瓦舍众伎”条：说话有四家：一者小说，谓之“银字儿”。如烟粉、灵怪、传奇、说公案，皆是搏刀赶棒及发迹变泰之事；说铁骑，谓士马金鼓之事；说经，谓演说佛书，及说参请，谓宾主参禅悟道等事；讲史书，讲说前代书史文传、兴废争战之事。最畏小说人，盖小说者，能以一朝一代故事，顷刻间提破。

可见所谓“说话四家”是以表演的题材内容，把说话艺术划分成诸如小说、说铁骑、说经包括说参请和讲史书四大类型。概括起来，可以称之为：说演传奇侦破故事的“小说”类，说演争战故事的“说铁骑”类，说演宗教故事如佛教的“说经”与道教的“说参请”类，以及说演朝代更替、历史兴废的“讲史书”类。

宋代的吴自牧在《梦粱录》卷二“小说讲经史”条内称：“说话者，谓之舌辩，虽有四家数，各有门庭。”接着也记述了具体是哪四家，只是在分法上将“说经”、“说参请”一类宗教题材的分为两类，没有单独将“说铁骑”列为一类，亦即他把“说话四家”分成小说、谈经、说参请和讲史书四类。

“说话四家”各拥有什么具体的“话本”没有具体记载。只知北宋时期讲史书的有说三国故事的“说三分”，有讲梁、唐、晋、汉、周五代兴废的“五代史”。后人公认的今存宋代讲史话本《大宋宣和遗事》和《新编五代史平话》，也是经过元代人加工的。但罗烨的《醉翁谈录》中有“也说黄巢拨乱天下，也说赵正激恼京师。说征战有刘项争雄，论机密有孙庞斗智。新话说张、韩、刘、岳，史书讲晋、宋、齐、梁。三国志诸葛亮雄材，收西夏说狄青大略”之语，说明自古至今、时人话本都说到了。至于“说经”，今存《大唐三藏取经诗话》，被认为是南宋时的话本，已有后来《西游记》中的某些情节出现，如“天宫偷桃”、“花果山”等。而“说参请”，意即禅宗所谓的“参党请话”，就是由两个人以问答形式，通过相互诘难阐发哲理或喻事明理。据此，也有人认为《苏东坡居士佛印禅师语录问答》即是说参请的话本。但也有人以“说参请”多以调笑嘲谑为旨，认为可能与“说诨经”类似，而“与参禅悟道等事不类”。“说铁骑”未见有话本实指，可能更近于讲史中的征战内容。

至于“说话”名家，在南宋有“小说家”谭淡子、翁二郎、陈郎妇、枣儿徐二郎、小张四郎；“讲史家”乔万卷、戴书生、张解元、陈进士；“说经、说参请”有长啸和尚、达理和尚、喜然和尚和陆妙慧、陆妙静；以及“说诨话”的蛮张四郎、“说诨经”的戴忻庵等。可惜只有名字、事迹不详。只有小说艺人小张四郎，知其名声更重，因他只在一处说书，以致人称他所在的勾栏为“小张四郎勾栏”，影响由此可见一斑。他们的表演艺术，正如《醉翁谈录》中所概括的："论讲处不滞搭不絮烦；敷演处有规模有收拾；冷淡处提掇得有家数；热闹处敷演得越久长。”可谓有咸有淡、张弛有致。

热瓦甫苛夏克

少数民族曲艺在宋代的情形，未见有正面的文字材料。但据权威的《突厥语大词典》中所保留的大量描写关于自然风貌、反映维族人民生活内容的维吾尔族押韵短诗——苛夏克来判断，至今流传在新疆维吾尔族民间的曲艺表演形式“热瓦甫苛夏克”在宋代已有记载。《突厥语大词典》是 11 世纪维吾尔族著名作家买合木提·喀什葛尔（又译作“马哈穆特·喀什葛尔勒”）所著的一部保存古代突厥语地区文献的历史文化大典。11 世纪即买合木提·喀什葛尔的编著年代，正好是汉族政权的两宋时期。

“热瓦甫苛夏克”是一种主要以维吾尔族民族乐器热瓦甫伴奏、用维语自弹自唱的一种称做“苛夏克”的押韵短诗的说唱形式。其说唱艺人称做“苛夏克齐”。流行地域从现在看，以南疆地区的和田、阿图什和刀郎等地保留最为完整。

热瓦甫苛夏克的唱词，是一种多段体的分节式韵律诗，通常是四句为一节。唱腔音乐为一种基本曲调的反复使用，依演唱内容及艺人不同略有变化，每句唱词由五个或七个音节构成。首段每句均押韵，从第二段起逢偶句押韵。风格质朴，可抒情，也可简单叙事。较为灵活，但未见有长篇唱词流传。民间流行的热瓦甫苛夏克演出，多由艺人即兴创作曲词弹唱，具有一定的程式性。至今见到的苛夏克，内容多样，写爱情故事的较多，也有讽刺和带有宗教色彩的作品。其表演方式为一个人自弹热瓦甫主唱，另有两三人分持弦乐器、手鼓及打击乐器伴奏助唱。遗憾的是对于其在宋代时期的演唱情形，不能知道得更多。故而现代的内容与形式较之宋代有多大变异，也

无从比较。

董解元及其《西厢记诸宫调》

诸宫调早在北宋时就已经流行。进入南宋时代，亦即在与南宋对峙的金代，北部中国的诸宫调表演一直没有间歇，并且，与北宋的诸宫调是用词牌体曲调演唱有所不同。它在金代时也有夹杂或采用曲牌体曲调演唱的情形，实际上起到由宋时的唱词牌发展到后来元代的诸宫调纯粹改用曲牌演唱的过渡作用。金时的诸宫调除存有一部无名氏作《刘知远诸宫调》残卷外，更有一部目前唯一被完整保留下来的思想性和艺术性均很高的董解元作《西厢记诸宫调》。

据《西厢记诸宫调》的"引辞"中"吾皇德化，喜遇太平多暇，干戈倒载宋兵甲，这世为人，白甚不欢洽"的交代，此作可能写于南宋偏安停战后与金对峙的金章宗时代，即公元 1190 年至公元 1208 年前后。钟嗣成的《录鬼簿》把董解元列于"前辈已死名公，有乐府行于世昔"，并注明董为"金章宗时人"，也说明这一判断大致不差。

关于董解元，除知道他是《西厢记诸宫调》的作者外，生平事迹无可细考。"解元"是当时读书人的泛称，因疑其只知确姓而实名不留。除《录鬼簿》列名之外，《太和正音谱》提及他"仕于金"。另有人考订他真名董良或董琅，但孤证难定。

《西厢记诸宫调》根据唐代元稹的传奇《莺莺传》改编而成。作品采用诸宫调体裁，叙写了张生与崔莺莺之间的爱情故事，但在主题思想上一反前人处理这一题材时，所持的对张生"始乱终弃"的庇护与理解，以及对崔莺莺"尤物惑人"的偏见，热情歌颂了二人之间的忠贞爱情，并在情节处理上使爱情与婚姻结合起来，具有浓烈的反封建精神。同时，在故事情节上也有了很大的丰富，人物性格十分鲜明。

《西厢记诸宫调》结构宏伟，曲词清新。全篇约 5 万字，采用 14 种宫调，由 191 个长短不等的套曲和 2 支单曲组成。曲本的说白部分以叙事为主，唱词部分以抒情为主。其中的"张君瑞闹道场"、"崔张月下联吟"、"张生害相思"、"莺莺探病"和"长亭送别"、"出奔团圆"，不仅在情节上是董解元的首创，而且在曲词的文学语言上能将口语与古典诗词有机地统一起来，华美而

不失本色。如“长亭送别”中的两段:〔黄钟宫·出队子〕最苦是离别,彼此心头难弃舍。莺莺哭得似痴呆,脸上啼痕都是血;有千种思情何处说。夫人道天晚教郎疾去,怎奈红娘心似铁:把莺莺扶上七香车,君瑞攀鞍空自颠;道得个冤家宁耐些。〔尾〕马儿登程,坐车儿归舍。马儿往西行,坐车儿往东拽;两口儿一步儿离得远如一步也。

诸宫调至元代因流传地区不同而有北南之分。王伯成所作《天宝遗事诸宫调》残本,是今人仅见的元诸宫调曲本。作品叙写唐明皇杨贵妃的故事,其中有很多低级趣味的描写。

关于诸宫调在元代的表演方式,酝酿于元末、成书于明初的《水浒全传》第51回里对艺人白秀英卖艺的描写,可以看做是对元代诸宫调表演方式的写照。该书写白秀英演唱时,自击锣和拍板,旁有琵琶及筝伴奏。与北宋时的以鼓板为主加横笛已有不同。据陶宗仪《辍耕录》卷二十七记述,诸宫调流传至元代末年,已“罕有人能解之者”,即已消失不再,其音乐体制则被当时兴起的北方杂剧所借鉴保留。今天认定董解元的《西厢记诸宫调》等所代表的艺术形式是曲艺诸宫调,而非历代学者所说是元杂剧或者传奇,这是近代学者王国维在其《宋元戏曲考》中考证甄别的功劳。

散曲

散曲与元杂剧一起构成了元曲的总体,被公认为元代文学艺术的代表,好比诗之于唐代、词之于宋代。不过,元杂剧属于戏曲艺术形式;通常所讲的元曲也多被作为文学创作的成就去观照。其实,散曲是一种唱曲形式,它包括散套和小令两种形式。其中的散套音乐类似宋代的唱赚词,通常由同一宫调的若干曲牌联缀组成,有引子和尾声。唱词长短不拘,要求一韵到底;小令是独立的只曲,又叫叶儿。可以重复使用,且各首唱词在用韵上可以不同。一般认为,散曲的源头上可达隋唐五代的“胡夷之曲”和“里巷之曲”,其表演方式与杂剧大异,故又称“清唱”。据明人朱权的《太和正音谱》卷上“古今群英乐府格势”中的记载,整个元代知名的散曲作家达187人。著名的如关汉卿、王实甫、白朴、马致远、杜善夫、张小山、睢景臣、杨朝英、汤舜民、汪元亨、兰楚芳等。强大的创作队伍为散曲在元代的兴盛,提供了坚实的发展基础。在元散曲中,除散套和小令两种基本形式之外,还有一种以

两个或三个曲牌组成的“带过曲”，仍属于小令范畴。

散曲演唱时采用弦索、笙笛和鼓板伴奏，没有锣鼓。艺人未见细载。所唱内容，有叙事也有抒情；其中的小令以抒情为主。今存元代人编辑的散曲集有四种，分别为杨朝英选编的《乐府新编阳春白雪》和《朝野新声太平乐府》两种，以及无名氏选编的《梨园按试乐府新声》和《类聚名贤乐府群玉》两种。马致远的《借马》、刘时中的《上高监司》、杜善夫的《庄家不识勾栏》、睢景臣的《高祖还乡》以及乔梦符的《私情》、张小山的《春景》等，是当时散曲的代表性作品，并且风格多样：如王日华和朱凯合作的《双渐苏卿问答》是用问答评议形式表现历史故事的，马致远的《借马》是讽刺悭吝者形象的，睢景臣的《高祖还乡》揭露了刘邦当年的无赖本性，刘时中的《上高监司》则是对元代社会政治黑暗的绝妙批判与尖锐控诉。

元代的说书与元刊话本

说书艺术发展到金元时期是一个转折。一方面，由唐至宋形成的“说话”艺术传统在这一时期继续得以弘扬，其中尤以讲史类最为发达；另一方面，说书艺术在名目称谓上也发生着变化。从许多记载看，“词话”、“平话”、“说书”与“说话”一道，成为这一时期讲史类说书形式的不同称谓。如从《太平乐府》卷八无名氏所作套曲《闺世》中“折末道谜、绩麻、合笙，折末道字，说书、打令，诸般乐艺都曾领”的唱词看，可知“说书”一词在元代即是一种技艺的称谓。《全相平话五种》等元人刊印的话本集，也标志着“平话”之语实为元人创始。而《元典章》卷四十一“刑部三”“谋反乱言平民作歹”条下对一桩案由的调查作出“幼小听得，妄传词话”的结论，也透露出“词话”是当时的一种曲艺形式。

后世了解并研究元代说书艺术的主要依据，是元代刊刻印行并流传至今的话本。这些话本分为两类：一类是宋代人的话本，在元代刊印的，如《新编五代史平话》和《新刊大宋宣和遗事》；另一类是元代刊印的元代话本，如“全相平话五种”。“全相平话五种”是后人的称谓，指的是五种单独成册的元代话本。它们是：《新刊全相平话武王伐纣书》、《新刊全相乐毅图齐七国春秋后集》、《新刊全相秦并六国平话》（别题《秦始王传》）、《新刊全相平话汉书续集》（别题《吕后斩韩信》）、《新刊全相三国志平话》。这五册每册都分上

中下三卷，版式上图下文，很似后世的“连环画”。由《新刊全相三国志平话》书页上“建安虞氏新刊”及“至治新刊”等字样看，它们是元代至治年间（公元1321—1323年）福建建安虞氏刻书世家的刊本。而据部分书名看，此五种话本尚有另外的部分，如“七国春秋”可能有前集与中集。现存也只是部分刊本。

这五种话本从题材上看，主要是对历史的断代说表；从情节内容看，内中有很多野史传说与神怪奇谈；从语言文字看，大多简陋而不通畅。这就说明：1. 它们是真正的说书人的提纲或脚本；2. 它们由“讲史”向“演义”倾斜；3.“讲史”类说话与“小说”开始合流。从而使元代说书逐渐摆脱了历史真实的拐杖，向着艺术创造的自由表达境界迈进。以此观之，则上述平话本中许多史观与道德观与正史和正统有异，便成为自然而然的事。因为，曲艺毕竟是艺术而非简单功利的历史传播工具。

新疆的《玛纳斯》

生活在祖国西北边陲新疆地区的柯尔克孜族，是一个享有悠久历史文明的民族。该民族的英雄史诗《玛纳斯》，是我国的三大民族史诗之一。

《玛纳斯》作为一部传记体的史诗，叙述的是柯尔克孜民族中的玛纳斯家族几代人的奋斗历史。通过这个家庭的第一代英雄玛纳斯，带领同胞反对卡勒玛克人和克塔依人奴役的斗争史，赞颂了古代柯尔克孜族的民族英雄，表现了古代柯尔克孜族人争取自由、渴望幸福的理想和愿望。史诗以第一部即《玛纳斯》为总名，另外还有以其他各代英雄名字命名的各部，如《赛麦克依》、《赛依铁克》、《凯耐尼木》、《赛依特》等。

一般认为《玛纳斯》早在我国的金元时期已经形成，因为史诗反映的历史现象分别发生在中国历史上的“辽”和“西辽”等时期。如史诗中的《克塔依》，即指历史上的“契丹”族；“卡拉克塔依”是指“黑契丹”；最后几个分部中的“卡勒玛克”，又称“奥依拉特”，是指西部蒙古人。而这些民族间的冲突与战争，恰是元统一中国之前发生的。因而学术界认为《玛纳斯》的产生年代“在宋、辽和西辽之后”的说法是可信的。它的说唱艺人称做“玛纳斯齐”。只是由于史料的匮乏，我们只能从史诗本身的内容去推断它的情形，而无法确切知晓它在当初是怎样具体进行说唱表演的。然而，今天尚很流行的《玛

纳斯》说唱，肯定与当初的形式有着传承的关系。

“说唱词话”及其成化刊本

明代的说书，除了上承宋元讲史的平话有零星记载，并有“评话”的异名，如在明人所著《说岳全传》“大相国寺闲听评话”一节，叙牛皋一行听《北宋金枪倒马传》和《兴唐传》评话的情形，表明其在当时比较普遍。词话，就是明代影响较大的说书形式。

明代的词话，早期已知的话本有杨慎的拟作《历代史略十段锦词话》和澹圃主人诸圣邻的《大唐秦王词话》。前者为文人拟作的案头读本，后者为据艺人底本编成，且从这位“以风流命世”、“游情讲艺”而“挥霍遗编、汇成巨丽”、“重订”而成的词话本看，其体裁为散韵相间，韵文为七字句或十字句。从而表明明代的词话在表演形式上，是说唱相间甚或以唱为主的。这就与散说表演的讲史平话相区别。直到 1967 年上海嘉定县出土了一批明代成化年间北京永顺书坊刊行的词话本，才知道明代的词话实称“说唱词话”。1973 年和 1979 年先后两次影印出版，题名为《明成化说唱词话丛刊》。其出土话本分别是《新编全相说唱足本花关索出身传》等四种，《新编说唱全相石郎驸马传》、《新刊全相唐薛仁贵跨海征辽故事》、《新刊全相说唱包待制出身传》三种，《新编说唱包龙图公案断歪乌盆传》、《新刊说唱包龙图断曹国舅公案传》、《新刊全相说唱张文贵传》、《新编说唱包龙图断白骨精传》、《全相说唱师官受妻刘都赛上元十五夜看灯传》、《新刊全相莺哥行孝义传》、《新刊全相说唱开宗义富贵李义传》。

上述 11 种话本从体裁上看，表演时是以唱为主，因各种话本的平均说白部分仅占约 1/10；又由于编排粗糙，可知是艺人演出的底本而非文人加工过的案头读本；唱词主要为七字句格的上下句且一韵到底；从题材上看，不光有讲史内容，更有公案、传奇与灵怪。亦即在源头上，说唱词话是对宋元“说话”艺术中“讲史”一支与“小说”一支的整合。所不同的是，宋元时的“小说”即“银字儿”或为说唱长短句的曲牌体音乐体制，而“词话”则是以七字句为主的板腔体音乐体制。有继承也有发展，为后世的鼓词形式开了新路。

贾凫西及其“木皮鼓词”

明代词话发展到明末时，在我国北方已演变出一种称为“木皮鼓词”的演出形式，有文字记载的为贾凫西创作并演唱的木皮鼓词。

贾凫西（公元1590—1674年），原名应宠，字思退，一字晋蕃，号凫西，又号澹圃，别署木皮散客，又作木皮散人或木皮子，山东曲阜人。早年科举不第，40岁才举贡生。曾为河北固安县令，官至刑部郎中，明末告老还乡。清初一度被迫补旧职，但借说唱鼓词废政务而自劾免职。晚年因佯狂不羁，不为乡党所容，移居滋阳，闭门著书。《桃花扇》的作者孔尚任作有《木皮散客传》，称述他“喜说稗官鼓词”，以至“说于诸生塾中，说于宰官堂上，说于部曹之署”，“居恒取《论语》为稗词，端坐市坊，击鼓板说之”。大有由票友而“下海”之势。所作《木皮散人鼓词》从三皇五帝一直说到明末崇祯皇帝吊死煤山，是很有批判精神的讲史性曲艺文学。尤其可贵的是，他能于作品中大胆冲破各种成见，深刻揭露并辛辣嘲讽历代帝王的尔虞我诈与假仁假义，就连历史上传为美谈的尧舜禅让也不放过，很有些振聋发聩的魅力和曲艺文学的风骨。并且语言通俗、俚不伤雅，声韵铿锵、朗朗上口。

《木皮散人鼓词》传世者实由《历代史略鼓词》与《太师挚适齐》两篇组成。当年贾凫西采用何种曲调演唱，不得而知。但由后来清初其在山东诸城、潍县、日照一带抄传甚多的事实看，当时演唱木皮鼓词的绝非贾凫西一人，“木皮鼓词”版本较多，其中以孔尚任（署名云亭山人）的序本较全。曾被收入清同治年间福山王氏的《天壤阁丛书》刻本及后来的叶德辉《双梅景阁丛书》刻本，又有沔阳卢氏刻本。下面抄举一节描写“大唐盛世”的“木皮鼓词”，以见一斑：大唐传国二十辈，算来有国却无家。教他爹乱了宫人制作着反，只这开手一着便不佳！玄武门杀了建成和元吉，全不念一母同胞兄弟仨！贪恋着巢刺王的妃子容颜好，难为他兄弟的炕头他怎么去趴？纵然有十大功劳遮羞脸，这件事比鳖不如还低一揸。会养汉的则天戴上了冲天帽，中宗丢丑真是个呆瓜！唐明皇虽是除了韦后的乱，他自己那腔像也难把口夸；递儿钱递在杨妃的手，赤条条的禄山学打哇哇。看他家世流传没志气，没尾巴的兔子是一窝吧！

柳敬亭

古代的曲艺家，若论名气及影响，当首推明代末年至清代初年的江南大说书家柳敬亭。

柳敬亭（约公元 1587—1670 年）的生平事迹，见于吴伟业的《梅村家藏稿》卷五十二《柳敬亭传》，黄宗羲的《南雷文定》前集卷十《柳敬亭传》，周容的《春酒堂文集》之《杂忆七传柳敬亭》，及夏荃的《海陵文徵》卷十九沈龙翔《柳敬亭传》五种传记性文字，以及《扬州府志》、《板桥杂记》、《退庵笔记》、《陶庵梦忆》等书的相关记载。其中以沈龙翔的《柳敬亭传》述其出身较详：敬亭名逢春，字敬亭，面多麻，人多以柳麻子呼之。本姓曹，泰州曹家庄人也。李公三才开府泰州，缉地方不法，长吏以逢春应，时年十七八岁一少年耳。开府轻其罪。及出亡，之泰兴，佣于某，久之意不乐，遂去。游四方，至宁国，醉卧敬亭山下，垂柳拂其身，遂慨然曰："吾今姓柳矣，即号敬亭可乎？"于是名逢春，号敬亭焉。

其他传记说他是 15 岁"犯法当死"，时间上与上引之文小有出入。但据此可知，这位本来姓曹的柳敬亭，之所以走上说书道路，是由于在逃亡生涯中为人做佣，受不得气，为生存计而转向说书的。正如吴伟业《柳敬亭传》所述：困甚。挟稗官一册，非所习也。耳剽久，妄以其意抵掌盱眙市，则已倾其市人。

也就是说，在走投无路的困境面前，他怀揣一册话本，偷听人家说书，便能大胆地在盱眙的街市上设坛说书，未料到很能够吸引人来听。他的天才由此可以想见。

然而说书艺术毕竟不是一般的乞食工具。不久柳敬亭流浪南下，在云间（今松江）遇到了一位名叫莫后光的业余说书家，便向他请教。经莫后光的指点教习才使技艺大进，并在日后的行世生涯中提高升华，成为一代说书大家。

据有关记载，柳敬亭说过的书目有《水浒》、《西汉》、《隋唐》、《三国》和《精忠岳传》等多部。有人认为清初扬州的评话名家居辅臣及北京的评书名家王鸿兴为其弟子，但孤证难信。关于柳敬亭的表演艺术，周容的《杂忆七传柳敬亭》里说：癸巳值敬亭于虞山。听其说数日，见关壮缪，见唐李、郭，见

鄂、蕲二王，剑戟刀槊，钲鼓起伏，髑髅模糊，跳踯绕座，四壁阴风盘旋不已。予发肃然指，几欲下拜，不见敬亭。

可见其说表模拟之效！使人有身临其境而忘记是听说书之感。张岱的《陶庵梦忆》卷五“柳敬亭说书”条记载他说“武松打虎”的情形说：余听其说《景阳冈武松打虎》白文，与本传大异。其描写刻画，微入毫发；然又找截干净，并不唠叨。哱夬声如巨钟，说至筋节处，叱咤叫喊，汹汹崩屋。武松到店沽酒，店内无人，謈地一吼，店中空缸空甏皆瓮瓮有声。闲中著色，细微至此。

闫尔梅的《柳麻子小说行》诗，更向我们描绘了柳敬亭说书的神情与风采：科头抵掌说英雄，段落不与稗官同。始也叙事略平常，继而摇曳加低昂。发言近俚入人情，吐音悲壮转舌轻。唇带血香目瞪棱，精华射注九光灯。狮吼深崖蛟龙潭，江北一声彻江南。忽如田间父老筹桑麻，村社鸡豕酒帘斜。忽如三峡湍回十二峰，峰岚明灭乱流中。忽如六月雨骤四滂沱，倾檐破地触旋涡。……柳敬亭的说书艺术如此精妙，确是曲艺史上的一座丰碑。然而，遗憾的是无法确知他的说表究竟属于哪个具体曲种。尽管后来的江南评话艺人奉柳敬亭为祖师爷，但从唐宋以降直至元明时期的说书艺术到了明末柳敬亭时代，只有平话及词话两种已知的形式。词话有说有唱且以唱为重，而柳敬亭的表演显然是散说。明代平话又作“评话”，大概他的说书不出“平话”与“评话”之类。又因为江南近世评话以苏扬地方语说表开始较晚，柳敬亭的说表无论南北之人均能接受，可知讲当时官话是唯一的可能。又从他所说的内容看，他的说书与平话即“评话”靠得更近。但这些并不重要，重要的是柳敬亭以他的实践为曲艺史营造了一座丰碑，通过后人对他的描述，曲艺史拥有了一份曲艺艺术的理论遗产。他的出现更使这种不被士大夫所看重的非正统艺术文化现象，获得了被承认被重视的机会。

莫后光

莫后光，生平事迹亦不甚详。李辰山的《南吴旧话录》卷二十一说他“三伏时每寓萧寺，说《西游》、《水浒》，听者尝数百人，虽炎蒸烁石，而人人忘倦，绝无挥汗者”。他本是一位儒生，业余说书而使人能够伏天忘暑，可见其书艺之神。他不仅是这样一位业余说书能手，而且从他对柳敬亭的教诲中可

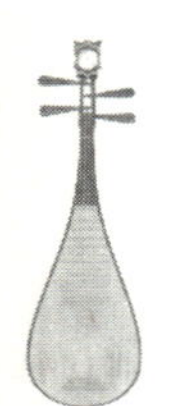

以看到，他对说书艺术有十分精深的研究和造诣，不仅是一位杰出的业余说书艺人，而且堪称古代的曲艺表演理论家和曲艺教育家。如几种传记均有记述而以吴伟业的《柳敬亭传》较为详细的描绘，莫后光对柳敬亭的教习充满了理论的色彩，闪烁着艺术的灵光。莫君之言曰："夫演义虽小技，其以辨性情、考方俗、形容万类，不与儒者异道。故取之欲其肆，中之欲其微，促而赴之欲其迅，舒而绎之欲其安，进而止之欲其留，整而归之欲其洁。非天下之至精者，其孰与于斯矣。"柳生乃退就舍，养气定词，审音辨物，以为揣摩。期月而后请莫君。莫君曰："子之说未也。闻子之说者欢噱，是得子之易也。"又期月，曰："子之说几矣。闻子说者，危坐变色，毛发皆悚，舌挢然不能下。"又期月，莫君望见，惊起曰："子得之矣。目之所视，手之所倚，足之所跂，言未发而哀乐具乎其前，此说之全矣。"于是听者怳然若有见焉，其竟也，恤然若有亡焉。莫君曰："虽以行天下莫能难也。"由"还不行"（未也）到"差不多了"（几矣）再到"可以了"（得之矣），柳敬亭经老师莫后光的教习，确实"虽以行天下莫能难"。

陶力

陶力，又译作"涛力"、"陶利"或"图兀勒"，意为"英雄史诗"。相传早在公元 7 世纪时已经出现。但由于到公元 13 世纪初叶，成吉思汗建立统一大漠南北的蒙古大帝国时止，关于蒙古族英雄征战的历史才全告完成。于是，除了表现蒙古民族由原始社会向奴隶制转化时期历史进程并流传于东部巴尔虎地区的英雄史诗《镇压蟒古斯的故事》（"蟒古斯"意即"恶魔"）较早出现外，以表现西部卫拉特部部落统一战争为题材内容的另一部史诗《江格尔》，直到明代末年才被以新疆脱特文写定，成为一部由 13 个章节组成的英雄史诗。尤其是进入元代以后，由于蒙古族统治者大力推行佛教，使得藏族地区的英雄史诗《格萨尔王传》也流入内蒙古地区，同时衍化成蒙古族的英雄史诗，称之为《格斯尔传》或《格斯尔可汗传》。这样，直到明代后半叶，内蒙古广袤的土地上才最后形成了以说唱《镇压蟒古斯的故事》、《江格尔》和《格斯尔传》三部史诗为主要内容的曲艺形式，这就是以蒙古族语言中"英雄史诗"的含义约定俗成而称谓的曲种"陶力"。

陶力的滥觞，应该说与第一部蒙古族史诗《镇压蟒古斯的故事》的产生

相表里；其作为一种曲艺形式的最后形成，则与到明代形成的《镇压蟒古斯的故事》、《江格尔》和《格斯尔传》三部史诗鼎足流传相同步。由于史诗的人物众多、情节曲折、内容丰富和体制庞大，使得流传和表演时也支脉众多，有长有短。更常见的情形是，某个艺人只擅长说唱某一章或某几个段落，能全篇说唱并连续表演整部史诗的艺人属凤毛麟角。又由于史诗在流传过程中受到过蒙古族原始宗教萨满教及后来传入的佛教的影响，故在说唱的音调上保留着萨满巫师即“博”唱经的习俗，以及佛教诵经唱祝的曲调。一部完整的陶力演出由许多程式及程式化套话连缀组成，以吟诵或曰韵诵式的腔调用蒙古族语进行说唱。内容一般情况下依次包括时间、地点、英雄人物赞、马赞、宫殿赞、夫人赞、家乡赞、恶人抢劫、英雄出征、对恶人的贬斥、打斗和结束词。体现在曲本上除了时间地点交代，就是祝赞词、咒骂词和叙事诗三部分。由于是吟诵式说唱，故以蒙古族语的特点，形成了押头韵、腰韵、尾韵及连续韵、隔行韵的规则。吟诵表演时，有的用类似于马头琴的蒙古族乐器潮尔伴奏，有的则用胡琴伴奏。演出时既热闹又富有变化，铿锵沉雄、令人振奋。

陶力一直到今天仍活跃在内蒙古民间，如在巴尔虎地区的陶力，分成只说不唱、只唱不说和说唱交替的三种表演方式，尤以只唱不说的表演方式为盛，说明发展中音乐性的一再加强。同时，三部史诗即《镇压蟒古斯的故事》、《江格尔》(又写作《江嘎尔》)和《格斯尔传》的整理文字本也以蒙、汉等多种文字出版。

好来宝

好来宝，又作“好力宝”，在蒙古族语中为“连起来唱”或“串起来唱”的意思，是一种由一个人或多人以四胡等乐器自行伴奏，坐着用蒙古族语进行说唱表演的曲艺形式。一说约形成于公元 12 世纪前后，认为成书于公元 13 世纪的《蒙古秘史》中的许多连起来说唱的叙事诗，与好来宝的演出曲本近似，因而至迟在元末明初，好来宝已在内蒙古地区定型并流行。又有人认为，由于好来宝曲本体式在后来于清代最后形成的“乌力格尔”(即蒙语说书)的唱词中被直接搬用，所以把好来宝看做是乌力格尔的形成源头之一。但是另外还有一说与之相反，认为好来宝派生于清代形成的乌力格尔，是乌

力格尔中的赞赋，有近200年的历史。

好来宝的唱词为四句一节，押头韵，或四句一押韵，或两句一押韵，也有的几十句唱词一韵到底。篇幅可长可短，艺人可以即兴编词说唱。既可叙事，又可抒情，其间或赞颂，或讽刺；比喻、夸张、排比、反复等修辞技法的运用比比皆是，从而使好来宝的表演具有风趣幽默、痛快淋漓、语言通俗、节奏明快的特点。明代的好来宝表演未见正面记载。清末以降，才有了曲目及艺人和演唱形式的记载。

莲花落

莲花落（亦称莲花乐）据说是源于唐、五代的“散花”乐，最早是僧侣募捐化缘时所唱的警世歌曲。传入民间后为乞丐行乞时所唱。宋代僧人普济在《五灯会元》中说：“莲花乐为丐者所唱曲名，由来已久。”因是乞食歌曲，所以所唱腔调极为简单，无管弦伴奏，而是一人（或两人）右手拿莲板，或叫乍板，即两片系起来的竹板；左手拿节子板，即五块系在一起的小竹板敲击伴唱。初时无固定曲目或曲词，全靠即兴编词，如走到店铺门口便唱：“掌柜的，是好人，财源滚滚流进门。”内容多为因果报应之类。唱词很有特点，常以“莲花落，落莲花”作为衬腔或尾声。

清乾隆以后是莲花落最兴盛的时期，于民间广泛流行。期间，有江南的十不闲传入京城，很快便和莲花落结合。莲花落由此出现了分流。一部分继续流落街头乞唱，称为“大口莲花落”或“大口落子”，另一部分与十不闲结合的称“小口莲花落”或“小口落子”，通称十不闲莲花落。清代，遍及大江南北城镇的莲花落主要还是以流落街头演唱为主。他们因流行地域的不同而有许多俗称，如莲花闹、七块板、呱哒板、落子书、零零落、唱落花等。零零落始于乾隆年间，流行于广西桂林地区，是一些流浪的女盲艺人效仿莲花落曲调沿街卖唱乞讨，以两片竹板击节伴奏，一人唱，一人以“零零落”作为衬词帮腔，故而得名。道光年间，艺术日臻成熟，有了说唱民间故事的曲目，如《卖油郎》、《祝英台》、《孟姜女》等。

十不闲

十不闲自明末已经在江南流行，亦作“什不闲”。据明末宋直方在《琐闻录》中记有：“吴中新乐弦索外，有十弗闲……万历末，与弦索同胜于江南。”

吴音“不”读“弗”，故十弗闲即十不闲，从一些文人的笔记中可知这是出自凤阳的曲种，为凤阳妇女所唱。十不闲是在木架嵌上各种锣鼓，一人居中，连拉带打，左手夹两鼓槌，敲打单皮鼓及大鼓。右手拉绳，敲小锣及小镲，大镲上有一绳系于地上，用脚踏使其作响，口中唱词，手脚敲击锣镲不识闲，所以称“打十不闲”。明末清初因征战连年不断，灾害时有发生，许多破产失去土地的农民，只好挑起十不闲担子到处流浪，以卖艺乞讨为生。此艺于清中叶传入北京，有一段开唱曲唱道：“十不闲出在凤阳，挑到净地走会扬香。原本妇人学来妇人唱……流落北京城装男扮女，一台大戏讲的是假巧装。”初时多为唱喜歌，即兴编词，如：“福自天来喜冲冲，福降吉庆插玉瓶。福如东海长流水，恨福来迟身穿大红。”吉庆的内容受到市民及商贾的青睐，经常演出于民俗活动中，后与莲花落结合，称十不闲莲花落。

十不闲莲花落

乾隆、嘉庆间，十不闲传入北京后，与莲花落结合而形成。由原本一人演唱发展成二至三人演唱。其方式又有坐唱、站唱和走唱之别。坐唱一般是在妓馆的演唱方式，据任光伟的《漫话什不闲》：“什不闲亦于清嘉、道年间传入京、津的妓馆，当初主要是坐装演唱，每值清晨，有些妓院之妓女往往打起什不闲接客。客至，还可以让来客点唱各种什不闲小段，这种习俗至民国年间尚有保存者。”在堂会或民俗活动中采取站唱，二人上场，一人包头站唱，一人丑扮以打击锣鼓为主。走唱人数较多，通常为三或五人，一人专敲锣鼓伴奏，其余为两人一组边唱边舞（秧歌步），击乐者还要帮腔及插白。他们多半在茶园演出。行艺者也渐改为男扮女装出演。故十不闲开场前常要唱上一句：“打十不闲的不害羞。男人扮着一个女人头。”此时，十不闲莲花落已有了职业或半职业的班社了。

十不闲自进入北京后，因其所唱喜歌的内容起到了粉饰太平的作用，从而受到宫廷统治者的重视，且其锣鼓十不闲也引起旗籍子弟们的兴趣。他们不但喜听，而且亲自搬演。如“八旗营秧歌会”曾以演出十不闲庆贺乾隆帝六十大寿。因子弟们的参与，十不闲莲花落的组织出现了“清门儿”、“浑门儿”之别。他们各自有自己演唱的曲目。“清门儿”指子弟的组织，演唱《十里亭饯别》、《锯大缸》等；“浑门儿”指职业艺人的班社，所唱曲目为《王二

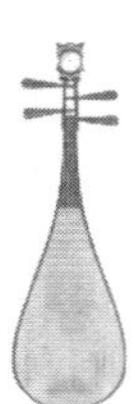

姐思夫》、《杨二舍化缘》、《寡妇上坟》等。兴盛一时的十不闲莲花落至道光、咸丰以后渐衰。光绪时，因那拉氏（慈禧）的提倡又兴盛起来。当时最出名的唱家为河南籍人赵奎顺。他演出时必梳一抓髻，故得艺名“抓髻赵”。光绪十年（1884 年）时曾被召进宫为慈禧祝寿，后留宫内任内廷供奉，于光绪末年将十不闲莲花落带回河南开封，常在相国寺挂牌行艺。

十不闲莲花落进入“清门儿”以后，为粉饰太平，子弟们写了一些歌颂统治阶级的“四喜段儿”等。音乐唱腔也加进了子弟书、八角鼓中的曲牌，趋于“雅化”，失去了原凤阳花鼓之民间本色。其时，北京移居盛京（今沈阳）的宫廷宗室也将这一演唱形式带去，每逢节日以此艺助兴。随清王朝的衰落，“雅化”的十不闲莲花落渐如广陵散矣，而“浑门儿”则仍活跃在民间演出中。

渔鼓道情

道情源于唐、宋时道士布道所唱的道歌，内容为讲道说法、劝善警恶之词，如“十月怀胎真个苦，为人当报父母恩”，元、明开始流行，元人燕南芝庵在其《唱论》中曰：“道家所唱……慨古感今，有乐道徜徉之情，故曰：‘道情’。”至清代，随着道教在民间的广泛流传，道情的演唱逐步走向世俗化、地方化。

道情早期为徒歌，南宋时始有渔鼓、简板击节伴唱。渔鼓是用一根长约 70 厘米的竹筒制成。因此道情有“打渔鼓唱道情”、“渔鼓道情”、“唱渔鼓”之俗称。在民间关于道情、渔鼓来源之传说颇多，如《中国曲艺志·湖南卷》中所记：相传唐朝时，八仙之一的张果老在昆仑山上砍了一根翠竹，他上不用，下不用，除枝去叶，将竹梢送与牧鸭人，将竹蔸送与卜卦者，留下中间二尺四寸长的竹筒，一头空着，一头蒙上猪板油膜，用手指击膜，咚咚作响，便成了渔鼓筒。渔鼓筒的重量，传说是二斤十三两五钱四厘，应两京（南京、北京）、十三省、五湖四海之数，意思是一个渔鼓艺人有了渔鼓筒，就可以走遍天下，五湖四海为家。

清代，道情在民间的流传愈加广泛，演唱者由道人扩大为职业的民间艺人。道情受到了上自宫廷、下至平民百姓的喜爱。其原因：一是道教宣扬的出世思想体现在所唱的道教故事题材之中，如《二十四孝》、《韩湘子度林英》等，符合百姓的审美理想，也顺应了统治者对人民的教化；二是源于《承天》、

《九真》的"道情腔"幽美中听，无论从内容或音乐皆印证了"道家善于唱情"之说。因此，至清后期，道情形成了同源异流的全国性曲种。称道情的地域有：河南、山西、陕西、甘肃、内蒙古、江苏、江西等；称渔鼓或渔鼓道情的地域有：湖北、湖南、广西、山东、河北等。流行于各地的道情，都与当地的方言语音、民间音乐相结合而各具风格特色。

明末清初，道情在湖南已有所见，有文人王夫之所作27首《愚鼓词》(愚鼓即今之渔鼓)为证。入清以后，在广大城乡流传很广。民间有唱渔鼓、唱道情或渔鼓道情等称谓。湖南渔鼓在流传发展过程中，因地域方言语音的差别及融合了不同方言不同音调的山歌小调，形成了不同风格的两大支派，一支是以衡州渔鼓风格为代表，流行于湘方言地区，即湘江流域的湘中、湘南渔鼓。这一支派的唱腔音乐受当地戏曲音乐与民间小调的影响较大，伴奏乐器除渔鼓、筒板外，还配以月琴或三弦随腔伴奏，知名艺人有邵阳的杨天禄。另一支是以澧州渔鼓风格为代表，流行于澧水沅水流域，即北方官话西南方言区的湘北、湘西渔鼓，伴奏乐器除渔鼓、筒板外，另加一小镲，著名艺人有澧州的马开地，其拿手节目有《白蛇传》、《绿牡丹》等。道咸年间，渔鼓的演唱进入了大城市，如长沙就有艺人走街卖唱，其时享有盛名的是俗名张跛者，他演唱的《刘伶醉酒》广为称道。同时，许多著名艺人也出入茶馆打渔鼓说书，随着湖南木刻印刷业的兴盛，许多渔鼓的小型唱本，如《八美图》、《天宝图》等大量刊印于世，供渔鼓从艺者及爱好者所使用。清末，随农村经济的凋敝，一些渔鼓艺人涌进城镇流落街头卖唱，而另一些渔鼓艺人则另辟蹊径，采取与皮影演出相结合。他们或在唱完渔鼓后加演皮影，或在皮影开始前先唱渔鼓，或白天唱渔鼓晚上演皮影。渔皮二者的合流，在唱腔音乐上相互融化，从而促进了渔鼓道情的进一步发展。

清乾隆十七年(公元1752年)，在河南《西华县志》记载有该县明末举人理鬯和所作的《渔鼓曲》词。清乾隆年间已有湖北渔鼓艺人在豫南演出的记载。随着渔鼓在河南境内不同区域的流布，渐有豫南渔鼓、汝河道情、豫东道情、豫北道情等区别。而这种区别则又是与相邻的湖北、山东、安徽等地的渔鼓道情有着密切的关系。道情在河南的流传还与后来流传极广的河南坠子有着密切关系。

清道光七年(公元1827年)，开封招讨营小乔庄三弦书艺人乔治山，将

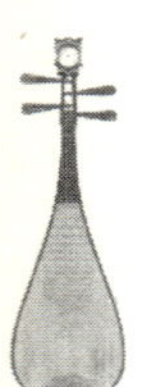

弹拨乐器小三弦改为拉弦乐器的坠子弦。后安徽人郭成德在开封学会了乔治山的唱法。返乡后，又拜道情艺人张魁元为师，其演唱吸收了道情的唱腔和击节乐器——简板，形成了河南坠子。此后，许多道情艺人纷纷改唱河南坠子。光绪时，这一以三弦书和道情合流的河南坠子遍及河南全省，并将原来三弦的蟒皮改制为桐木板，音乐愈加优美，同时还将三弦书的腿板改为脚蹬梆。这些改革一直沿用至今。

扬州评话

扬州评话继承了明代说书的艺术传统，以扬州方言说表，明末清初就有了专业的说书艺人，在江苏扬州方言地区流传很广。扬州评话的发展在清代达到高峰是有历史和社会原因的。扬州时为南方的一个经济中心，全国水陆交通的总枢纽。康、乾时期经济繁盛，乾隆帝六次出巡扬州，许多著名文人寓居扬州，这一切都为评话艺术的发展提供了条件。此时期已是书场林立，“各门街巷皆有之”，被时人称之为“独步一时”绝技的说书艺人济济。清人李斗在《扬州画舫录》卷十一中写道：“评话盛于江南，如柳敬亭、孔云霄、韩圭湖诸人……郡中称绝技者，吴天绪《三国志》、徐广如《东汉》、王德山《水浒记》、高晋公《五美图》、浦天玉《清风闸》、房山年《玉蜻蜓》、曹天衡《善恶图》、顾进章《靖难政事》、邹必显《飞跎传》、谎陈四《扬州话》皆独步一时。”

《清风闸》是浦天玉的代表作，书中故事发生在宋朝，而他说的书在听众面前展现的却是清代扬州当时的风土人情。主人公是一位无赖皮五，时而狂赌发财，时而穷困潦倒，一边放高利贷，一边又做慈善事。这是一部荒诞的书，但是从他笔下的小人物的遭际中，听者常在发笑的同时，倍觉辛酸，有人认为这是浦天玉自传体的作品，很多情节是他亲身的经历，从书词内容的深刻、对社会黑暗入木三分的批评来看，作者没有亲身的感受是写不出来的。《清风闸》、《飞跎传》、《扬州话》等都是当时说书艺人创作的新书，也是我国清代曲艺艺术发展繁荣的标志。

《三国志》是吴天绪的绝技，在说表上有独到之处，他说书兼说情，注重和听众交流，引起听者的共鸣，如李斗在《扬州画舫录》中所记：“吴天绪效张翼德据水断桥，先作欲叱咤之状，众倾耳听之，则惟张口努目，以手作势不出

一声，而满室中如雷霆喧于耳矣。”

北京评书

北京评书受明末说书家柳敬亭之影响，形成于清代。据许多研究者认为其开山鼻祖为王鸿兴，但无史料记载，只有艺人口碑为凭。

据说王鸿兴是明末清初大鼓书艺人，曾经去江南说书，幸遇柳敬亭，得柳的指教，说书技艺大有长进，遂向柳敬亭磕头拜师。后回到北京献艺。此时，他仍是操弦子鼓说书，听书者多为皇宫中的太监及八旗子弟们，王鸿兴的书艺俱佳，便被召进宫去献艺。云游客在《江湖丛谈》中说：“因禁地演唱诸多不便，遂改评讲。就以桌凳各一，醒木一块，去其鼓弦，用评话演说，评书由此倡兴……王鸿兴在北平所收的徒弟，有安良臣、何良臣、邓光臣三人，王鸿兴故去后，遂由三臣立门户，定规律，传徒授艺直至今日，华北各省县市皆有讲演评书的艺人。”

还有一说是清雍正十三年（公元 1735 年）皇帝驾崩（去世），乾隆继位，下圣旨让全国老百姓为死去的皇帝服百日国孝，世间不许张灯结彩、不许动响器、不许艺人演出等。王鸿兴苦于生活所迫，为了卖艺糊口，改弦子鼓说书为用醒木击案讲评。以上艺人口碑暂且作为北方评书历史的旁证吧。北京说评书的艺人是“三臣”的支派传下来之说，及王鸿兴之后有“三臣、五亮、九茂、十八奎”之说，是评书艺人所公认的。

清代，与王派传人同时活跃在书场上的北京评书艺人还有专说《永乐升平》而享名的吴辅庭、哈辅源等人。清末民初又出现了号称评书大王的满族评书艺人双厚坪。汪景寿在《中国曲艺艺术论》中写道：“双厚坪所会书目甚多，最拿手的是《隋唐》、《水浒》、《封神榜》、《济公传》。他的艺术风格细腻、风趣、透辟、生动、最善于描绘细节，于细微处显神奇……据传，他说《秦琼卖马》，从被困天堂县说起，一连说了几天，马就要卖了。这天，有位老听众要出差，说：‘我明天就起程了，卖马听不着了。’双厚坪说：‘放心去吧，等着您。’过了二十多天，老听众出差回来，问：‘秦琼的马卖了没有？’双厚坪说：‘一直等着您回来，还没卖呢！’原来，这二十多天，双厚坪故意使情节停止发展，全靠所谓的‘书外书’支撑门面，充分显示了‘蹭’的功夫。”

评书除在北京流行外，尚有评书艺人在天津、河北、辽宁等地从艺活动。

此外，在山东、河南、湖北、四川等地，于清代也已有用本地方言说评书在流行。

弹词

清代，弹词的发展有了质的变化，即它与流行地的方言、民间音乐及民俗等结合，形成了各具特色的地方曲种。其流传地区主要在以苏州为中心的江、浙、沪及江南各省区。苏州弹词艺术则为弹词类曲种之冠。

清乾隆年间，用吴语方言演唱的苏州弹词艺术得到迅速发展，其兴起时的代表人物首推王周士，因头秃且多赤癞，外号"紫癞痢"。王周士以演唱《白蛇传》而受时人爱戴。当年乾隆南巡时曾召他御前弹唱，之后，赐予七品官位而受到同业的拥护，遂在苏州倡导成立了弹词、评话的同业组织"光裕社"。他不但是弹唱名家，而且在艺术理论上亦有很深造诣，所著之《书品》、《书忌》对弹词艺术的发展影响极大。《书品》对说书人提出了正面的要求。即：快而不乱，慢而不断。放而不宽，收而不短。冷而不颤，热而不汗。高而不喧，低而不闪。明而不暗，哑而不干。急而不喘，新而不窜。闻而不倦，贫而不谄。

《书忌》提醒说书人应注意避免的毛病。即：乐而不欢，哀而不怨。哭而不惨，苦而不酸。接而不贯，扳而不换。指而不看，望而不远。评而不判，羞而不敢。学而不愿，来而不展。坐而不安，惜而不拼。

嘉庆、道光年间，断王周士之后，从艺人员大增。出现了流派纷呈、书目不同、风格迥异的态势。其中陈遇乾创造的"陈调"苍凉粗犷，以演《白蛇传》、《玉蜻蜓》著名；俞秀山创造的"俞调"，以婉转抑扬称著于世，其唱法被后人仿效，俞尤以唱《倭袍》而闻名；和他们同期享名的还有毛菖佩、陆瑞庭，这四人被称为苏州弹词"前期四大家"。"前四家"中尚有姚豫章之说。咸丰、同治年间又出现了"后四家"，他们是马如飞、姚士章、赵湘舟、王石泉。马如飞所创的"马调"唱腔朴实豪放、流利酣畅，对后来苏州弹词唱调的影响很深。他一生致力于《珍珠塔》的加工整理，在艺术上有很大提高，高超的演技令听众倾倒，被时人称之为"塔王"。马如飞是一位治艺严谨的艺术家，他所著之《出道录》体现了他的艺德："早起莫迟，恐使声音哑涩；夜眠休晏，须防精气衰疲。幼而不肯用功夫，老亦难成事业。

试思青春不再，岂容片刻荒疏；白日易过，全仗少年习学。当初游戏，无益身心；日后饥寒，攸关面目。况且三条弦索，插入四处声名；一部南词，容我半生衣食。毕竟清闲事业，潇洒生涯。昔之张（樵）、柳（敬亭）、吴（逸）、陈（思），名垂白下，今之毛（菖佩）、姚（豫章）、俞（秀山）、陆（瑞庭）望重吴中。岂若用心于无益也，何乐而不为乎？……所虑者，恃口角而争雄，逞心思而斗巧。登名以秽语诙谐，先伤雅道，到处则大言狂妄，易惹祸殃。当以克己待人之气度，兼之劝人为善之心肠，而作稗官玉尺，野史金绒。试观昔贤文字，下笔若不经意，皆足千古。夫吾道虽多街谈巷曲，亦足力挽颓风，愿后起同志者勿以小道忽之，宁如狮子搏兔，务用全力可也。故不揣谫陋，出此作枕中之秘耳。”他以此道训勉励同行，并愿后起同志者刻苦学习、谦虚对人，不要用秽语诙谐，致伤雅道。这不仅是在马如飞所处的时代，而且今天甚至未来的从艺者都应引以为训。

苏州弹词

苏州弹词的兴起为近代中国妇女的文化生活增添了光彩。因为弹词曲目除以历史战争为题材外，主要是以演唱婚姻爱情、男女私情、儿女情长的故事为主。如《白蛇传》、《玉蜻蜓》、《珍珠塔》、《三笑》之类。一部书要唱上一月半载，因此听唱弹词便成了一般长日无事的妇女消遣之娱乐。尤以对那些中产以上或有文才的妇女们，她们不但喜听唱，其中不乏有热衷写作者，她们把自己的苦闷，把自己的所爱、所恨、所追求的理想都寄托在弹词里。如陈端生、梁玉绳先后完成的八十回《再生缘》，邱心如的《笔生花》等，尤以陶贞怀的《天雨花》为最。时人把它与《红楼梦》并提，称之为《南花北梦》。（按：有人对《天雨花》是否陶贞怀之作有怀疑，蒋瑞藻的《小说考证新编》认为可能是浙江徐致和太史为其太夫人喜听弹词而作。此处姑且存疑。）

据前所述，女子以弹词为业自明代始，但此时的女弹词主要是瞽姬，时称“盲女弹词”。而明女伶的出现则是在清道光以后的事。王韬《瀛杂志》载：“道咸以来，时尚女子，珠喉玉貌，脆管么弦，能令听者魂销。”一时间苏州弹词女伶的演出盛况空前。但封建社会女弹词艺人的地位是可悲的，在喝彩声中埋藏着她们多少的苦水和泪水。这也是当年“光裕社”及马如飞在

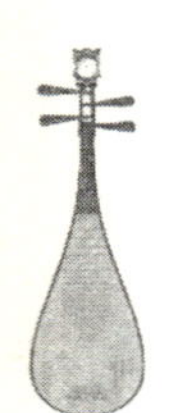

《出道录》中反对女子以弹词为业的原因所在吧。光绪三十二年(公元1906年)颁发的《光裕公所改良章程》中明令:"凡同业而与女档为伍,抑传授女徒,私行经手生意,察出议罚。"从此在苏州女弹词艺人一度消失。

女弹词在苏州遭禁后,颇有声望的陆绣卿、汪雪卿等人先后到了上海,她们受到上海各阶层的欢迎。惜花主人《海上冶游备览·女说书》中写道:"说书而易男为女,亦取其易招人听之故,女而肄业说书,亦取其引人入胜之意。"至清末民初,苏州弹词便在上海兴旺起来,吸引了更多的女子从艺。苏州弹词从此又踏上了一个新的艺术境界。

在吴语苏州弹词兴起的同时,用粤语演唱的广东弹词在广东粤语地区也极为兴盛。因用木鱼击节演唱,故被称为"木鱼歌"。其唱本称为"木鱼书",亦有人称之为"唱木鱼书"。初为盲师弹唱,后渐有"盲妹"(年青的盲女)加入从艺。清人徐河《清稗类钞》记有:"盲女弹词,广州有之,谓之曰盲妹。所唱为摸鱼歌(即木鱼歌)佐以洋琴,悠扬入听,人事有喜庆事,则招之。"盲女弹词受欢迎,而盲妹的命运是凄惨的。她们有的是生来就盲,而有的是家穷被卖从艺,因生得艳丽貌美而被养母将她们的眼睛揉瞎而成盲妹者。木鱼歌所唱内容初为讲经、说史。乾隆以后,说唱儿女情长、男女姻缘的故事渐渐多起来,因而受到广州方言地区妇女们的喜爱。她们不但听唱,而且还经常聚集一堂自己演唱。流传的书目十分繁杂,如《目莲救母》、《白蛇雷峰塔》等,最著名的称《花笺记》和《二荷花史》,并有清代刻本流传于世。

清代流传在江南各地的弹词还有扬州的弦词(即扬州弹词)用扬州方言演唱。至清末发展为双档,所演书目与苏州弹词相同。流行浙江的称南词,其唱本"皆言儿女之情,杂以市井俗彦",如《三笑姻缘》之类。而在宁波一带流行的南词则称"四明文书"。

八角鼓

清乾隆年间在北京兴起并流传的曲艺形式是"八角鼓"和"子弟书"。它们是满汉文化融合的产物,流行于满族八旗子弟之中。其后,随满族官员的南迁北往而流传很广,也成为汉族人民所喜闻乐见的演唱形式。八角鼓影响所及包括东北、内蒙古、河北、山东、河南、甘肃、青海;子弟书的曲目影响

所及则包括北方几乎所有的大鼓，有一说认为广东木鱼歌的短篇曲目也有来自子弟书曲目的。

八角鼓一词最早见于记载是明代沈榜的《宛署杂记》第二十卷《志遗八》的《都城八绝》："刘雄八角鼓绝：刘初善击鼓，轻重疾徐，随人意作声；或以杂丝竹管弦之间，节奏四合，更能助其清响云。"是为打击乐器的八角鼓，不知与清代八角鼓是否有渊源关系。"八角鼓"作为一种演唱形式的出现，则始于清代。康熙三十五年（公元 1696 年）李声振的《百戏竹枝词》"八角鼓"条目中说："形八角，手击之以节歌，都门有之。"其中"手击之以节歌"说明八角鼓已是为歌唱伴奏的乐器了，而且这种演唱形式在北京已经形成。

满族旗籍子弟演唱"八角鼓"的兴起约在乾隆中叶以后，先后有过岔曲、群曲、拆唱、单弦、双头人等几种演唱形式。其中单弦为一人自弹自唱；双头人是一人持八角鼓击节演唱，一人以大三弦伴奏，故名。后双头人也统称单弦。

如果说岔曲长于抒情，群曲则是红火热闹，拆唱是滑稽逗趣的话，单弦的双头人则向着另一方面发展着，二者如前所述，它们在曲本与音乐上实为一种。自弹自唱的单弦牌子曲始于道咸以后的随缘乐（本名司瑞轩），他曾积一年之功，根据《水浒》、《聊斋》、《金瓶梅》等书编写了杂牌曲一百余回，到茶馆演唱，轰动一时。时有子弟书段《随缘乐》形容他入场演唱的情景："满园中众人呆呆声息不动，一个个如聋似哑犯了陈痰。见一人相貌清奇衣冠时样，有那些讨脸之人都举手抱拳……这子弟慢坐台前摩半晌，方泠泠然如琴似瑟的定丝弦。说几句俗白无非是凑趣，都是那匪言鄙语巷论街谈，招得满园之人齐声大笑，都说司先生珠玑满腹名不虚传。"利用众多曲牌唱情节完整的故事，这使得单弦牌子曲可以表现更加丰富的内容，为此而受到听众的欢迎。在随缘乐之后，出现了德寿山、荣剑尘、谢芮芝等许多名家，流派纷呈。因而单弦牌子曲成了八角鼓艺术中生命力最强的一种演唱形式及流行于京津两地的主要曲种。而且，更重要的是单弦牌子曲的曲词深投北京市民所好，许多作品反映的就是当日北京市民的日常生活，如《穷大奶奶逛万寿寺》。我国北方源于北京八角鼓的曲种还有山东的八角鼓、河南的鼓子曲（大调曲子）、甘肃的兰州鼓子、青海的平弦。它们或者是接受了北京八角鼓的影响，或者是在曲牌的应用及曲体结构的发展上，有极为相似的共同特征。

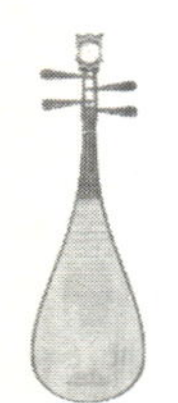

岔曲

岔曲是所有演唱形式中最主要的曲调，也是产生最早的曲调。相传他的创始人为文小槎（《升平署岔曲》引言作宝小岔），崇彝《道咸以来朝野杂记》说："文小槎者，外火器营人。曾从征西域及大小金川。奏凯归途，自制马上曲，即今八角鼓中所唱之单弦杂排（牌）子及岔曲之祖也。其先本曰小槎曲，减（简）称为槎曲，后讹为岔曲，又曰脆唱，皆相沿之讹也。此言闻之老年票友所唱，当大致不差也。"

与此类似，《升平署岔曲》"引言"也说："岔曲为旧京'八角鼓'曲词之一种，传为清乾隆时阿桂攻金川军中所用之歌曲，由宝小岔（名恒）所编，因名岔曲，又称'得胜歌词'。""曲中以描景写情为多，词名雅驯简洁。班师后，从征军士遇亲友喜庆宴聚，辄被邀约演唱，嗣后流传关中……"上引这两条记载大体上说明了岔曲的起源。岔曲的文体最基本的格式为六句，而后随内容情节的充实以及演唱的需要逐渐扩展。有在前三句与后三句间加垛句的，称"垛字岔"；有在中间夹一曲牌的称"枣核儿"；有在中间夹唱几个曲牌的称"腰截儿"；而发展为前三句称"曲头"，后三句称"曲尾"，中间以若干曲牌连缀起来演唱的就称"单弦牌子曲"了。

群曲

群曲是由多人齐唱、轮唱的演唱形式。清乾隆至嘉庆正值京腔大戏在北京盛行之际，八角鼓群曲的一些曲目就来自京腔，如《天官赐福》、《八仙庆寿》。演唱时用高腔的打击乐器伴奏，十分红火热闹。当这一形式渐渐消失之后，其演唱的一些戏曲曲牌则保留在了八角鼓的其他演唱形式中。其曲体结构也是前有"曲头"，后有"曲尾"，中间穿插若干曲牌。

拆唱八角鼓

又称"八角鼓带戏"。王素稔在《八角鼓与单弦》一文中说："乾隆初年的岔曲带戏，由于是歌童演唱，多以正旦、小旦为主要角色，到了旗籍子弟演唱的拆唱八角鼓则情趣大异，改以丑角为主要角色了。"关于这一点，从清人小说《风月梦》第十三回的一段论述可以说明：三个人上来，将桌子摆在中间，有一个拿着一担大弦子坐在中间；那一个人拿着八角鼓站在左首；那一人抄

着手站在右边。那坐着的念了几句开场白，说了几句吉祥话，弹起大枤弦子，左边那人敲动八角鼓。那坐着的唱着京腔，夹着许多笑话，那右首的人说闲话打岔，被坐着的人在颈项里打了多少掌，引得众人呵呵大笑，这叫做斗绠儿(即“逗哏儿”)。

其中站在右边的人就是丑角，此为八旗子弟的一种自娱演出形式。至清末，票友下海，拆唱八角鼓转为娱人后，演出遂改为二人，一正一丑。丑在台上临时换装，扮剧中一主要人物，其他人物由正一人担任。其时，拆唱已介入曲艺与戏曲之间，成为一种兼有二者艺术特征的艺术形式。拆唱中多吸收各地戏曲的腔调，如梆子腔、柳子腔等，并为八角鼓曲牌的丰富起过一定的作用。同时，道咸年间拆唱八角鼓的著名丑角张三禄，因与同行不睦，无人与他搭档而改说相声，是为单口相声之始。八角鼓艺术讲究的“说、学、逗、唱、吹、打、拉、弹”中的“说学逗唱”也就成了相声的主要表现手段，而相声艺术在表演上的“捧哏”、“逗哏”也是始于拆唱八角鼓。

子弟书

乾隆初年，戍边返京的八旗军士带回了他们戍边时军中流行的各种小曲，时称“八旗子弟乐”。之后，一些八旗子弟便参照了民间鼓词的形式，创作出以七言体、没有说白、叙述故事为主的书词，配以八旗子弟乐，并以三弦伴奏、八角鼓击节演唱，称之为“子弟书”。作者往往也是唱家，以满族子弟为主。也有汉军旗籍人参加。

子弟书又依北京东城、西城两地而划分为“东调”和“西调”，其演唱内容和音乐唱腔风格各有不同。西调“是靡靡之音，写‘杨柳岸晓风残月’一类的故事，东调则为慷慨激昂的歌声，有‘大江东去’之风”。子弟书从兴到衰，延续了百余年，它与八角鼓同时在北京形成了两大唱腔系统，即子弟书为板腔体，八角鼓为曲牌体。在一百多年的发展中，清末还出现了节奏比较明快的北城调和南城调，受到民间的喜爱。后东调流传到盛京(今沈阳)；西调传入天津后又演化成“天津卫子弟书”，或称“卫子弟”、“西城板儿”。

光绪末年，子弟书因唱腔沉闷呆板，常常是一韵萦行良久，听众日少一日，和者寡而至失传，代之而起的是在民间流传的地方曲种。

罗松窗是子弟书的开创者，乾隆年间北京西调子弟书的代表作家。他

善以“闲遣兴”为名，揭露封建制度残暴、丑恶的事实，并长于歌颂封建社会青年男女忠贞不渝的爱情，反映出他追求民主自由的思想。他的作品题材多来自当时流行的小说和戏曲，文笔细腻、语言通俗，形成了既可演唱，又可作为文学欣赏的特殊风格，成为后期子弟书发展的楷模，现存子弟书书目可确认为他的作品有《寻梦》（截取《牧丹亭传奇》第十二出“寻梦”的情节）、《红拂私奔》、《庄氏降香》、《翠屏山》4 种。郑振铎主编的《世界文库》中收有他作的《大瘦腰肢》、《鹊桥密誓》等 6 篇子弟书词。

韩小窗是清末东调子弟书代表作家，辽宁省人。咸丰、同治年间屡次进京应试未成，其间结识了不少子弟书作家，如喜晓峰、鹤侣（爱新觉罗·奕赓）等人，在盛京（今沈阳）一起从事子弟书的创作活动。作为一个久试不第的知识分子，他对当时封建社会的现实有着清醒而深刻的认识。因此，他的作品大多体现了对宗法制度、封建礼教的批判。相传他一生写过 500 多篇书词，留存仅 35 种。代表作有《露泪缘》、《得钞傲妻》、《大烟叹》、《红梅阁》等。任光伟在《子弟书的产生及其在东北之发展》一文中写道：“从道光以来，中国在戏曲、鼓曲中改编《红楼梦》者屡见不鲜，但真正理解原作的精髓，体现并发挥原作之精神，并能经得起时间考验者，首推韩小窗的《露泪缘》。”评价是准确的。《露泪缘》中的回目“黛玉焚稿”、“宝玉娶亲”、“宝玉哭黛玉”至今仍为北方大鼓在舞台上久演不衰的曲目。与韩小窗同期的子弟书作家及其作品，有鹤侣的《侍卫论》、《老侍卫汉》，喜晓峰的《忆真妃》等。

石玉昆，清道光、咸丰年间的西调子弟书艺人，天津人。以演唱《龙图公案》著称于世。这部书是根据旧本《五鼠闹东京》的故事，创作改编为侠义人物白玉堂等辅佐包拯办案，并平定蕃王作乱的长篇书。其唱本有清末乐善堂“按段抄卖”的抄本流传。至光绪初年有《三侠五义》、《七侠五义》两种版本刊印流传，后世评书艺人多据以演述。石玉昆自弹自唱，弹唱俱佳。子弟书《评昆论》中描述道：“则见他款定三弦如施号令，满堂中万缘俱寂鸦雀无闻，但显他指法儿玲珑嗓音儿嘹亮，形容儿潇洒字句儿清新，令诸公一句一夸一字一赞，众心同悦众口同音……”时人称“石先生，以巧腔著”。他的唱腔留存下来的仅有一首，即唱赋赞词所用的曲调，后成为单弦中的一个曲牌，名为“石韵”。

大鼓

大鼓产生在北方，其源可追溯至明代的词话，词话在流传至明末清初时，在南方衍变为弹词，在北方衍变为以贾凫西为代表的木皮鼓词，木皮是说唱鼓词时所用的鼓板，入清以后在冀中一带流行着。木板大鼓在长期流传过程中，与弦子书合流，于河北农村形成了马三峰创立的西河大鼓。同时期形成的还有以铁片击节的山东大鼓等。清末，在木板大鼓的基础上又形成了刘宝全等人创立的京韵大鼓。清代的大鼓特点有二：一是继承了明代词话传统的称做大书的演唱方法，其特点是曲文说唱相间，多长篇，“唱”一般是韵文的诗赞，“说”为散文；二是进入城市之后形成的短篇，一般是唱多白少，有的无白，“唱”全为韵文，大鼓的演唱均以木皮鼓和木板或铁片击节，并配以三弦伴奏。

扬州清曲

清康、雍、乾三朝间，明代兴起的俗曲在扬州一地与当时江南流行的民歌、俗曲相结合得到了充分的发展。并以扬州为中心沿运河向北，沿长江向西流遍大江南北，形成了今天称之为“明清俗曲”的一个大的类别。这些流传各地的小曲又与流入地的民歌小调相结合，形成了各具特色的今人称做曲牌体的曲种。如丝弦、清音、文场、曲子等。其中以扬州清曲为此声腔系统之冠。

扬州从明至清乾隆年间，一直是漕运和盐务的中心。清初时，扬州已形成了一大批拥有万贯资财的盐商集团，经济的繁荣促成了市民阶层的壮大，也促进了艺术的繁荣。乾隆时期的扬州有来自各地的昆山腔、京腔、秦腔、二黄、梆子腔；本地的乱弹、评话、弦词、清曲、花鼓等盛极一时，使扬州清曲得到融会各门艺术精华之机。

扬州清曲在乾隆朝以后，逐渐进入颓势。但是随运河、长江流传大江南北的明清俗曲，尤以道咸年间在各地均有了地方化的发展。各地所形成的曲种、所唱的曲牌、演唱的方式与李斗在《扬州画舫录》中所述差之不多。即“小唱以琵琶、弦子、月琴、檀板合动而歌，最先有《银纽丝》、《四大景》、《倒扳浆》、《剪靛花》为最佳。”在伴奏乐器上，许多地方又增加了扬琴，而《银纽丝》、《倒扳浆》、《剪靛花》等曲牌，则可从沿长江的汉口汉滩小曲（后发展为

湖北小曲)、湖南丝弦、广西文场、广东粤曲、四川清音,沿运河的徐州琴书、安徽琴书、山东临清小曲、山东琴书、北京的单弦牌子曲,沿黄河的陕西曲子、陕北榆林小曲、甘肃的兰州鼓子、青海的平弦等曲种中找到。反之,从这些众多明清俗曲腔系曲种的曲牌、伴奏乐器乃至演唱曲目至今均可窥见扬州清曲的影响。

天桥和相声

北京的天桥与民间曲艺有着密切的关系。“天桥”在相当长的时期内几乎是曲艺的代称。清同光年间,在全国一批比较繁荣的大都市,几乎都有着类似天桥这样的演出场所。它既哺育了曲艺艺术,也写下了曲艺艺人的卖艺辛酸。

清同光年间,城市曲艺场所有了较大发展,大体上可分为两类。一是在室内演出的,如北京的书茶馆、苏州的书场,这是观看曲艺演出比较高雅的去处;二是人称“雨来散”的露天演出场地,为尚未成名进不了书茶馆演出的艺人,或则从农村进入城市的曲艺艺人卖艺求生之地,如北京的天桥、天津的三不管、南京的夫子庙、开封的相国寺等。

“雨来散”意即雨来了观众散去,只得停演,说明了衣食无着的贫苦艺人行艺的艰辛。打地摊是传统的一种卖艺方式,也是游人在逛天桥、夫子庙、相国寺、三不管的真正乐趣所在。在这样的演出场所里,众多身怀绝技的艺人聚在一起,各显神通把不断流动着的观众吸引到自己的场地,他们还必须千方百计地用自己的技艺留住围拢过来的观众,而且还得让这些人自觉自愿地掏出钱来,这就要竞争,要有各自的绝招。因此,在天桥、夫子庙等这种露天场所卖艺,艺术的竞争、求生存的竞争是十分激烈且残酷的。也正因有了这样的竞争,方能孕育出新的曲艺品种,造就了一批又一批优秀艺人,从而推动了清代末期曲艺艺术的进一步发展。

道咸年间拆唱八角鼓的著名丑角张三禄因与同行不睦,无人与他搭档改说相声,是为单口相声之始。到了光绪年间,著名者则要数天桥“八大怪”中的“穷不怕”——朱绍文(公元 1829—1904 年),他以唱太平歌词著名,也善单口相声。张次溪在《天桥一览》中说他“虽卖单春(指说单口相声),而所唱所说者,全是别开生面……拆笔画、或释字义、或引古人、或引时事,结果

必甩个硬包袱儿，令人拍案叫绝”。他又常与弟子“贫有本”合说对口相声，是对口相声与三人相声的创始人，对相声艺术的发展有极大的贡献。作为曲艺艺术的一种表演形式，相声的最后定型则是进入民国以后，仍在天桥这块土地上发展。

在天桥的“撂地”演出，观众是处于流动状态，不必事先买票，想看什么均随意，看高兴了给钱，不高兴可以不给钱。艺人（尤其是相声艺人）要想抓住观众，并时刻注意吸引那些不断围拢过来的观众，就得在叙述中不断地组织“包袱”（笑料），用奇妙的语言逻辑和诙谐的插科打诨使观众聚而不散、流连忘返。如朱绍文所说的《字象》，他“先在地上写下一个字，然后把这字比作一种物器，再说它做过什么官，最后说为什么丢官罢职”。如：

甲：（写个“二”字）

乙：这像什么？

甲：像筷子。乙：做过什么官？

甲：“净盘”大将军。乙：因为什么丢官罢职？

甲：好搂。乙：怎么好搂？

甲：不搂，菜怎么没了？乙：这么个“好搂”呀！

这种组织“包袱”的艺术手段，仍是今天相声艺术的主要特征。可以这么说，是天桥的艺人和天桥的观众共同创造和推动了相声艺术的发展。